声の道場 Ⅲ

～人間力を取り戻そう～

山村 庸子

「声の道場」のこれから

「声の道場」という謡の発声を基本にした和のボイストレーニングを始めて十二年が経ちました。

たくさんの方の声の悩みに対処していくうちに、和の発声どころか日本人の声が全体的に弱ってきていることに気づきました。いろいろな方からのお薦めもあり、そのことに警鐘を鳴らしたいと執筆を始め、『声の道場 ～日本の声が危ない～』『声の道場Ⅱ ～ハイハイ・ハイッのすすめ～』という二冊の本を発行させていただきました。その本を読まれて、声に悩みのある方や和の発声を学びたいという方が、いまだに「声の道場」に来てくださいます。最初の頃は声の出なかった何人もの方が訓練のために謡の稽古を始められ、声が出るようになっただけでなく、とても元気に前向きになられたのを目の当たりにして、本当に「声の道場」を始めてよかったと思っています。私も、たくさんの方たちの声に相対することによって、新しい考えや稽古方法を見つけたり、新たな問題点に気づくこともありました。

二冊目の本を書いてからも七年が経ち、その中でいろいろな事例も増え、また思いがけない経験もさせていただきました。「声の道場」では、声に始まり姿勢の大切さを訴えてきましたが、新たな体験の中で〝和の構え・動き〟が日本人の体に良い効果をもたらすということをより実感しました。〝和の声〟についても前よりもう少し分かりやすく著すことができるのではないか、とも思うようになりました。また、最初に「日本の声が危ない」のはどうしてかを考察した時点に立ち戻ると、今は「日本の体・心が危ない」、いやそれどころか「人間が危ない」とまで繋がってきました。

この思いを少しでもお伝えしたい、その気持ちが段々大きくなり、この度三冊目を出させていただくことになりました。

「声の道場」のこれからの指針にしたいと思っています。

目次

声の道場Ⅲ　～人間力を取り戻そう～

第一章　日本の体を取り戻そう

◇「声の道場」の変遷◇

最初は五人～一〇人の参加で定期的に開いていた「声の道場」でしたが、回を重ねるにつれ問題が出てきました。というのは、語りや朗読など同じ目的を持った方たちならば団体での稽古が可能なのですが、個人でそれぞれに申し込んだ方たちは道場にいらした目的がそれぞれ違うため、一人の方に時間がかかることもあって他の方に対応ができない、などということも起こってきました。そのため、グループでの申し込みの他は個人で対応することにして、今日に至っています。

ひとりひとりに対応できるようになって、その方の声の出ない原因や、表現できないという悩み、和の発声を深めたい思いなどに、初めから真剣に向き合えるようになりました。ある程度で自分の課題に気づき、その後はご自分で自分の声を求めるという形で終わる方もいらっしゃれば、発声のための教材として使った謡に興味を持ち、そのまま謡の稽古を始める方もいらっしゃいました。また、謡の稽古や和の稽古事をしている方の相談も受け、自習のお手伝いをすることもありました。そのさまざまな体験による相手の反応や自分の体の気づきは、声と体に対する考えをより深め、とても私を成長させてくれました。

◇中学校からの依頼◇

あるとき、自宅から近い地域の図書館の館長さんからお電話をいただきました。この図書館では、以前ご依頼を受けて「声の道場」や「能への誘い」のワークショップをさせていただいたことがありました。「今度もまた、そういうことかな?」と思っていたら、そうではなく、思いがけないことに、その図書館のお隣にある公立中学校の校長先生からのご相談だったのです。校長先生曰く、

「うちの学校の子供たちはなかなか優秀でしっかりした考えを持っています。ただ、それを伝えるのが上手くない。受験を控えた三年生に面接の予行演習をしてそのことが分かり、とてももったいないと思いました。たまたまお付き合いのある図書館の館長さんにそのお話をしたところ、山村先生をご紹介いただいたのです。三年生の全員を相手に〝伝わる声〟の発声を指導していただけないでしょうか」

ということなのです。

人数は一二〇人ほど。時間は一時限五〇分。これまでにない申し込みです。引き受けたものかどうか悩みました。その時間、その人数で、効果のある授業がで

きるかどうか…。ただ、このごろの子供たちの姿勢の悪さはとても気になっていたし、一度で一二〇人に姿勢の大切さを伝えるよい機会ではある。上手くいけば、受験のためだけでなく、その子たちのこれからの人生にとてもプラスになるかもしれない。「よしっ、ぶつかってみよう」と、依頼をお受けすることにしました。

声の授業をする一週間前に、その中学校を訪問しました。授業をする大教室を見せていただき、校長先生と教頭先生、三年生の学年主任の先生と打ち合わせをしました。お話をする中で先生方の「子供たちを伸ばしてやりたい」という熱意をすごく感じ、私も「これなら、子供たちもしっかり反応してくれるのではないか」と思い、その日が待ち遠しくなりました。

限られた時間をどう使って〝相手に伝わる声〟を理解し感じてもらうか、話の内容や体験してもらう内容をいろいろ考えました。そして最終的には、伝えることを欲張らずに、まずは「姿勢の大切さを力説しよう！」ということに決めました。

当日、いつものワークショップや講演と違う緊張感を感じながら、学年主任の先生に案内されて教室に入りました。生徒たちと対面して最初の挨拶が済んだ瞬間、想像していたとおり、ほとんどの生徒が体を緩め、背もたれに寄りかかったり猫背になったりしました。やはりこの一時間で教えられるのは、姿勢を良くすることと、その効能しかないようです。

私はまず、用意してあったマイクを手にとり自己紹介をしました。そしてマイクを置いて、改めてこう言いました。

「いま私は、マイクとスピーカーという共鳴体の力を借りて自己紹介をしました。今度は、自分の体という共鳴体を使ってお話ししようと思います」

私の声にびっくりしたのか、全員が私に目を向けてくれました。

「私の言葉がちゃんと聞こえたら、手を挙げてくれる？」

中学生を相手に「声の道場」

と言うと、生徒はもちろん、いちばん後ろに座って一緒に話を聞いていらした校長先生も手を挙げてくださったので安心して、その後はマイクなしで一二〇人相手に授業をしました（写真）。

　私が能楽師であることを告げ、能はマイクやスピーカーなどない室町時代から屋外で演じられ、遠くで見ている人にも言葉が通らなければ成り立たなかったこと、面を付けるため大きな声で叫んでもこもってしまうこと、そのために自分の体を共鳴体にする技術と体幹が鍛えられてきたことを話しました。そのうえで、普通に話す場合も自分の体を共鳴体にできれば声が響くこと、気持ちがこもった声で話すことができるようになる、今日はそれを皆さんに伝えに来たのだと切り出しました。

自分の体を共鳴体にすること、これは姿勢を良くすることが第一です。まず今日のみんなの姿勢がひどいということを告げました。椅子に浅めに腰かけ重心を少し前にかけるよう言って、腰を立てさせました。背骨と気管は平行だから、背中を丸くすると息は口の方に出て行って体に溜まらず、声も外に出てしまい響かない。一方、背筋を伸ばし顎を出さずに頭をしっかり背骨に載せると、息は上顎に当たってある程度体に溜まり、そこに声が響くので体が共鳴体になる、と体験させながら説明したのです。いつの間にか生徒たちの背筋が伸び、教室全体の空気も変わって来ました。〝息に声を乗せる〟という体験も楽しみながらやってくれました。〝遠くの人を呼ぶ声〟という設定で、私がお腹から徐々に声を遠くに

「オーーーイ」と飛ばしたときは、皆がどよめきました。

その後も、姿勢を良くしたらどんなによいことがあるか、一生懸命に例を引いて力説していたらあっという間に時間が過ぎ、チャイムが鳴りました。伝え切れたかどうか少し心配でしたが、最後の挨拶の「ありがとうございました」を、皆で〝気持ちの良い、響く声〟でしてくれたのは何よりも嬉しいことでした。帰りに校庭で「オーーーイ」と何人かがやっていたのも印象的でした。先生方も喜んでくださったのですが、めったにない若い子たちへの指導、そしてその反応を感じられたこと、こちらが素晴らしい体験をさせていただいた、と先生方に心からお礼を申し上げました。

◇受講の反応と感想◇

中学校で授業させていただいてからしばらくして、生徒たちひとりひとりのお礼の手紙を先生が送ってくださいました。体で感じてくれた子がとても多くて感動したので、抜粋して記載してみます。他の学校の先生方にもぜひ読んでいただき、子供の姿勢を正すためにはそのメリットを伝えることがいかに有効かを分かっていただけたらと思います。

学年主任の先生の添え書きに、

「山村先生のお話に生徒たちは各自なりのヒントを得たようですので、ここから先は、私たち学校の教員が学んだ成果を形にできるように指導して参ります」

と書いてくださっていたのは心強いことでした。

〈生徒の手紙から〉

●僕は授業中の姿勢が悪く、いつも肩より前に首が出ています。そのため先生に当てられたときにハッキリと答えることができませんでした。講演で、姿勢と声が切っても切れない関係だと知り、自分の日々の姿勢について見直せました。

●声と姿勢については音楽でも習っていたので知っていましたが、僕は猫背なので、姿勢を正すのは難しかったです。でも、改善すれば健康的に生きられると思うと、頑張れそうな気がします。今のうちに知っておけてよかったです。

●姿勢は一生大事なことなので、意識していきたいです。僕は姿勢が悪いので、病気にもかかりやすいのかもしれません。少しでも長生きするために、今日のことを生かします。

●僕は、ただ大きい声で話せば良いというものではないのだと思いました。また、姿勢を良くすることで声がよく通るようになるだけではなく、長く健康でいられるということを知りました。これは日常生活のさまざまなところで通じるものだなと思いました。

●僕は、今まで座って授業を受ける時や歩いている時などに、姿勢のことなどまったく気にせず、だらけた状態でいました。しかし、これからはしっかりと気を配り、健康な体を維持できればいいなと思います。

●姿勢を良くすることで健康にも良い影響が出ることを学んで、びっくりしました。声を大きく出す工夫を知ることができてよかったです。「声に自分の気持ちを乗せる」という言葉が、とても印象に残りました。

●講演中、正しい姿勢を保つのは背中も痛かったし疲れたけれど、声は出しやすくて、他にも良いことがたくさんあると聞いて、改めて正しい姿勢の大切さを知りました。面接や何かの発表の時に、しっかりと皆に聞こえるような声を出せるように、今から正しい姿勢を身に付けたい。そして、歳をとるとともに背が低くなるのではなく、歳をとってもキビキビと動けるような体にしたいです。

●以前まで、姿勢を良くしようとすると無理に力が入ってしまって、とても疲れてしまっていたのが、今回、正しい姿勢を教えてもらって、前よりは楽に姿勢を良くすることができました。

●私はよく、祖父母から「姿勢を正せ」と言われており、今回改めて、姿勢が大事なことを学びました。口の正しい開き方も学べ、大きな声が出るようになりました。

●声を出すのは、ただ大きい声を出すのではなく、姿勢を正し、声を届かせたいところに向かって出すということを心掛けるのが大切だと思いました。

●今回の講演で、自分がいつも猫背ということに気づきました。正しい姿勢をすることにより、声がもっと響き伝わりやすくなることが分かりました。このことは、高校受験だけでなく大学受験や社会に出てからも使うことができると感じました。

●私は演劇部なので、大きく張りのある声の出し方は分かっていたつもりでしたが、いざ声を出してみると、声が全然出ていないことが分かりました。しっかりとした声を出すにはしっかりとした姿勢がとても重要なのだと分かりました。「良い姿勢を保て」とよく言われますが、その理由は声がしっかり出ることや、長寿、健康につながるからだと知りました。単に大きい声と相手に伝わる声はまったく別物だと知ったので、面接でも普段の会話でも、良い姿勢を意識して声を出そうと思いました。

●姿勢を良くすると声が張る、健康でいられる、長生きできる、若くみられる。メリットがたくさんあるのを知って、すごいと思いました。私は長生きしたいので、今のうちから姿勢を良くしたいです。私たちにとても大切なことを教えてくださって、ありがとうございました。

●姿勢を良くしているより、少し猫背でいる方が楽だと思い、最近は猫背でいることが多かったため、講演中、姿勢を良くしていたら疲れてしまいました。今回のお話で分かったことを無駄にしないように、入試までに猫背を直せるよう、日頃から姿勢を良くしたいと思います。

ほとんどの生徒が「姿勢を良くすることが、良い声と健康に繋がる」ということに驚き、「日常で気をつけたい」と書いてくれていたので、私が言いたかったことは伝わったとホッとしました。これまでも「姿勢を良くしなさい」と言われていたけれども、「姿勢を良くしたらどんなメリットがあるのか」「姿勢が悪いとどうなるのか」、それが分かったことが大きかったと思います。

他にもいろいろ、興味ある感想がありました。

●講演で、声は後から付いてくるものであって、一番重要なのは姿勢である、ということがよく分かりました。姿勢は良くした方がいい、という簡単な認識だけで、あまり深く考えたことはありませんでしたが、姿勢を良くすれば自然と良い声も出て、健康の面でも良い影響があるということを初めて知りました。また、声に関しては体を音響体にするということや、自分の意識の違いで、声の通り方も変わるということも学べました。

●ちゃんとした姿勢をとることで大きくはっきり言えるようになるだけでなく、言葉を伝えたい人のいる位置によって声の大きさや言い方を変化させるだけで、印象がまったく違ってくると思いました。マイクを使って簡単に大きくした声を聞くのと、自分自身の体に響いた声を聞くのでは、やっぱり、本人の声をそのまま聞く方が伝わりやすく、聞く側の感じ方も違うと思います。

●私の中で一番印象に残っているのは、「腰」には「要」という漢字が入っていて、姿勢を正しくするうえで一番大切なところが腰だ、ということです。私は、日頃から姿勢を気にかけていることもあって、よく友達から「姿勢が良い」と言われてきました。また山村先生の話の中にもあったように、私もめったに病気にかかりません。具合が悪くなるといっても、風邪を少しひく程度のことです。今考えてみると、今まで姿勢を気にしていたことが健康に繋がっているのかなと思います。

●言葉は、ただ思ったことを伝えるだけでなく、意欲を伝えるための大事な手段だと思います。この意欲を伝えるためには、背筋を伸ばして顎を引き、美しい姿勢で話すことが大切だと思いました。

●この講演を聴いて、声に対する見方が変わったような気がします。人が他人に最初に抱く印象の二割から三割は、声や話し方で決まるのだそうです。声について考える時間を頂いた今回を機に、聴く姿勢や話す姿勢を今までよりもっと重視して、人と接していきたいと思います。

●今までは「声をお腹から出せ」と言われても、喉のあたりからしか出ず、どうやったらよいのか分かりませんでしたが、そのコツがまさか腰にあったとは知らず、驚きました。実際にやってみて、大声を出したときに今までのようなダミ声が出なかったので、とても助かりました。他にも私なりに気づいたことがあり、姿勢良く勉強に集中できるようになると、深夜でも眠くなりにくいことが分かりました。これからも、姿勢に気をつけて生活していこうと思います。

●姿勢を良くすることは一石で何鳥にもなると思いました。これはなんとしても直さねば。体の要である腰をうまく使うように、心掛けようと思いました。

●熱い物を冷ますときの「フー」と、寒いときに手を温める「ハー」の息の違いを、今まで自然に何も考えずにやっていたと思うと、人間の体はすごいと思いました。考えてみると、応援団や劇団の方など、大きな声を出す人は姿勢が良く、逆に、ひそひそ話をする時の人は背を丸めているなと思いました。知っているはずなのに改めて知らされると、驚きとともに新しい発見ができた喜びが湧きました。

●私は「耳を肩と垂直に」「背もたれに寄りかからない」というのを意識して、休息も大切にしながら、良い姿勢を保てるように頑張ります。先生が能で実際に使う声を聞いたとき、腹から響く声というものが、空気や音の大きさを通して分かりました。私たちの体を共鳴体にすることで、より声に張りが出るのだ、と実感することができました。

●体の軸を意識して、声を前に飛ばすような気持ちで発声すれば、話すときに相手に好印象を与えたり、健康に良い影響を与えるということを知って、前より声を意識するようになりました。声に出してのコミュニケーションといえば、今の私たちにとっては、高校受験での面接などが真っ先に頭に浮かんできます。でも、これから社会に出て行くうえで、他にも、たくさん声を出すコミュニケーションを行うと思います。今回の講演会は非常にためになり、これから先も活用できる素晴らしいものでした。いつか山村先生にお会いする機会があれば、今回学んだことを活かしたより良い声で挨拶、お話をしたいと思います。

●腹筋と背筋を使って腰をしっかり立てて声を出すと、ただ大きいだけでない「自分に響く声」が出るということがよく分かりました。また、腰を立てた良い姿勢は、声だけでなく、健康でいつまでも若々しい体を保つのにも良いということを知ることができたので、これからはしっかり姿勢を正して生活していきたいと思いました。
「声に気持ちを乗せる」という点では、山村先生が遠くの人に話しかけようとして出していた声と、近くの人に話しかける声とでは、その声から伝わる雰囲気が大きく違ってくることがよく分かったので、私も意識して声を出したいと思いました。

もともと意識が高い人たちだと思います。これを機に、もっと自分の体に意識が向き、体と対話できるようになるといいなと願っています。将来きっと、響きのある良い声で話せるようになっているでしょう。本当にどこかで会えたらいいな。

●自分で実際にやるだけでなく、周りの人や家族にも話そうと思いました。

●私は、家に帰って母に話してみましたが、母は「私もやってみよう」と言っていました。私が話したことによって、また一人病気になる人が減りました。祖母にも言ってみたところ「私はもうやっているよ。腰の曲がったおばあさんになりたくないからね」と言っていました。祖母は膝が悪いのですが、他に悪いところはありません。先生がおっしゃっていたことを身近に感じました。

●自分は小さい頃から、両親に「姿勢を良くしろ」と教育されてきました。「姿勢を良くすると、いろいろな場で仕事がある」ということは、両親から聞かされていましたが、健康に繋がるというのは初めて聞き、驚きました。それに老けにくい…となると、自分の両親が多少若く見えるというのは、そういうカラクリがあったんですね。

●山村先生が、「いつもは、声に悩みのある大人の方に教えることが多くて、若い人がいないから、若い人の反応を見られるのが嬉しい」とおっしゃっていましたが、今の若い人にこそ良い姿勢の大切さを伝えていくべきだと思ったので、周りの人にも広めていきたいと思いました。

家族で体のことを話し、情報を共有するのはとても良いことだと思います。小さいうちに親が子供の姿勢を良くしてあげることは、子供にとっては、知らないうちに宝物をもらったようなものだと思います。また、授業の際に、私が「親の姿勢が悪かったら、子供がそれを直してあげれば、親も若くいられる」「気がついたら周りの人の姿勢も直してあげてね」と言ったことを、何人かは実践してくれたり、広めようと思ってくれたようです。とても嬉しいことです。

●お話を聞いているうちに、今まではほとんど見たことのなかった能を見てみたいと思うようになりました。

●山村さんの声に驚きました。そして、能にも興味を持ちました。いつか本物の能を見てみたいです。

●姿勢は態度にも声にも、印象にも繋がるのだな、と思いました。ま

た、能にも興味を持ちました。今までは、社会の教科書でしか能の写真を見たことしかありませんでしたが、山村さんの能の時の声を聞いて、とても力強く、心地の良い声だと思いました。

●能は歴史では習いましたが、より深く知ることができました。

●私は町なかで、腰が曲がっているおじいさんやおばあさんをよく見かけます。ですがたまに、歳をとっていても背筋をピンとさせて歩いている人も見かけます。ぼくは、背筋がピンとしたおじいさんになりたいです。今回の話で、能にも興味が湧いてきました。いつか本物の能を見てみたいです。

能の話はほとんどしなかったのに、何度か出した謡の声に反応してくれました。他にも「私の姿勢や声から、能に興味を持った」という生徒が何人かいました。学校の授業の一環として生徒たちに能を見せるということも、このごろよくあるようですが、こんな小さなことでも能に興味を持ってもらえると知り、よい経験になりました。私の話が、能を観るきっかけを作ったのだとしたら嬉しいかぎりです。いつかきっと観てほしいです。

●将来を左右する受験の時期に、いろいろな人から協力してもらえる僕たちは幸せであり、嬉しく思っています。

●自分は中学校三年間、吹奏楽部員として活動してきて「姿勢が大事」ということをずっと言われてきました。自分は、人間も楽器と思っていて、姿勢が良い時と悪い時とでは、吹いていて、息の出方や楽器の音がまったく違います。また姿勢が良いと、見た目も良くなります。今回の授業で、姿勢の大切さを改めて知ることができました。今回教わったことを活かして、高校入試に臨みたいです。

●これからの受験に向けて、人前で話すことが多くなってきます。私は、入試で面接や集団討論があるので、本番で大きくはっきりと響く声で話せるように、普段から姿勢を意識して生活したいです。

●姿勢の良し悪しで、声の太さが変わることに驚きました。「先生は能をしているから声が太いのだ」と、講演前はそう思っていました。しかし、そうではなくて、「能は姿勢を正しく動くものだから、声が太くなるのだ」と、今は思っています。今回習ったことを最大限活かして、個人面接や集団討論をしたいと思います。これからも姿勢をより良くして、自分が年寄りになった時にきれいな姿勢でありたいです。

●腹から声を出すということは、挨拶でもとても大切なことで、周囲に明るい印象をもたらしたり、自分がすっきりした気持ちになります。中でも、面接の時には重要なことなので、普段から、腹から声を出す練習をしようと思います。

●姿勢を良くすると、声に張りが出るという利点があり、面接の時、相手に伝わりやすいということを学べたので、面接に役立てていきたいと思います。自分がこんなにも声を出せるのかと、改めて感じることもできました。普段の生活でも姿勢に気をつけて、当たり前のように正しい姿勢を保てるようにしたいと思います。

●「今回の講演会は、面接対策である」と事前に言われていましたが、実際に聴いてみると、これは自分の普段の生活にも役立つことだと思いました。将来の自分にも深く関わってくることでもあり、声を出すための姿勢は、それを良くする一つの方法であると分かりました。声の道場に来る方には高齢の方が多いと聞きましたが、これは、小さいときから知っていたほうが有意義に使えるのではないかと思います。

●私は「声が小さい」と周りの人からよく言われます。面接の練習の時も「内容はよく考えて話しているようなのに、声が小さいね」と注意されてしまいました。小さい頃から、人前で何かを話すことが苦手で、直す努力をあまりせずにいた私ですが、この歳になってやっと危機感を持つようになってきました。言いたいことが心に溢れていても、実際に声に出して人に伝える時には、言いたいことの半分くらいを伝えるのがやっと、というほどに難しいことです。まして〔や〕、声が聞き取りにくいとなると、何をこちらが伝えたいのかが伝わらないかもしれません。こんなことではコミュニケーションが成り立ちません。入試のためだけでなく、今後「良いコミュニケーションがとれる私」になっていくためにも「想いを乗せることのできる声」を育てていこうと思います。

高校受験の面接で、自分の思いを話さなければならないという必要に迫られるこの時期は、〝声〟のことを話し〝姿勢〟の大切さを伝える、ベストのタイミングだったのかもしれません。校長先生の熱意に、生徒たちも応えてくれていると思いました。

講演の後しばらくして感想を書いてくれたのか、実際に効果が出たことを報告してくれた生徒もいました。

●講演会が終わった後、自然と背筋が伸びるようになり、母に「姿勢が良くなったんじゃない？」と言われて、とても嬉しかったです。「姿勢が良くなると、良い声が出せたり、健康でいられる」と知ったので、受験の面接の時だけでなく、日常生活の中でも意識して姿勢を正していこうと思いました。

●最近、腰が痛くて困っていたのですが、姿勢を良くすることで改善した気がします。また、良い姿勢を保つことで、声も大きくなったと思います。山村先生のお話を聞く前までは、人と話している時に聞き返されることが多かったのですが、それが少なくなりました。前向きな気持ちになることができました。

●講演を聴いてから土曜日、日曜日と正しい姿勢を心掛けたのですが、メリハリがついて、物事により集中できました。また、自分の共鳴体を使って声を出すとのことでしたが、家に帰ってもう一度声を出してみたところ、普段より数段響く、良い声を出すことができました。

●マイクやスピーカーなどで簡単に大きな声が出せる現代だからこそ、日本人として「自分の体に声を響かせ、自分の声を相手に伝えること」が大切だと分かりました。また、声には意思が表れ、発声方法の違いによって届く相手も違ってくることも分かりました。声は姿勢と深い関わりがあり、姿勢は体の健康に深い関わりがあると聞き、自分の声を良くするためには姿勢、つまり腰の位置を直す必要があると思いました。日頃、背筋があまり良くない私には、普段使わない筋肉を使い続けるのは少し辛かったです。しかし、講演の最後には良い姿勢で響きのある声を出せるようになりました。今回の講演で、高校受験の面接だけでなく、今後生きていくうえで非常に大切なことを学べました。姿勢、そして声を美しいものにして、日本人としての美しさを手に入れたいと思いました。

たった五〇分でこれだけのことを考えてくれた…、本当に感動しました。講師冥利に尽きます。このような機会を与えてくださった先生方に、心から感謝しました。

◇その後の学校の対応◇

受験シーズンが過ぎ、教頭先生からお電話をいただきました。生徒たちにとても効果があり、受験にも結果が出たとのこと。お役に立てて良かったと、ホッとしました。「ついては、来年も同じ時期に授業をお願いしたい」と依頼をされました。もちろん喜んでお受けしました。

次の三年生の受験のための面接の練習が始まる頃、前回と同じように、生徒たちと向き合えるのを楽しみにしていたのですが、そうはなりませんでした。先生方の対応がまるで違ったのです。当然先生方の引き継ぎがなされていると思っていた私は、電話でのお約束だけで、細かい打ち合わせをしないまま、授業当日に学校へ伺いました。すると、初めにお話をいただいた校長先生も、前回の学年主任の先生も異動されていて学校におられず、担当の先生から「今日は何をお話ししていただけるのでしょうか？」と言われたのです。びっくりしました。これは大変、先生がこうなら、生徒たちには何も説明がなされていないかも…。

予感的中！　授業が始まったときの生徒たちの気持ちのばらばらなこと。前年は、面接対策として「相手に届く声」のための授業だということが生徒に伝えてあり、初めから気持ちが私に向いていたので入りやすかったのです。仕方がありません。「私が、何のために来たのか」を自分で説明し、皆にとっていかに大事なことを話そうとしているかを分かってもらうために、半分以上の時間を費やすことになりました。それでも、最後のほうでは大部分の生徒が姿勢を正し、声を出す体験をしてくれましたが、どれだけ伝わったか分かりません。当然のように、お礼状も感想文も送ってくることはありませんでした。「先生方の熱意の違いで、こんなにも生徒の受け取り方が違うのだ」と痛感しました。授業の趣旨について引き継ぎがあるものだと思い込んでいた、私の甘さにも腹が立ちました。

それでも少しは効果があったのか、翌年も教頭先生から依頼のお電話をいただきました。どうしようかと迷いましたが、前年の失敗を繰り返さないように「次の学年の先生たちと、しっかり打ち合わせをさせていただく」という条件でお受けしました。

先生たちに、私がやっていることを伝えなければ話にならないので、そのための資料を作り、事前の打ち合わせでお渡ししてから授業に臨みました。前年よりは入りやすかったし、話も聞いてくれましたが、やはり最初の年ほどの反応ではありませんでした。自分たちから求める状態で聴くのと、聴かなくてはいけないと思って聴くのとの違いでしょうか。

まず先生方からの要望で企画されて、生徒たちにもその意図が伝えられていた初回の授業の空気は、素晴らしいものでした。その後の〝しなくてはならない〟という流れの中での企画では、そういうものは生まれなかったということでしょう。考えてみると、二年目の依頼をしてくださった教頭先生も、三年目の授業の時にはもういらっしゃいませんでした。最初の年の先生方の熱意とその効果を伝えてくださる方は、誰もいなかったのです。

案の定、お礼も感想文もなく、翌年には依頼もありませんでした。最初の年の三年生一二〇人だけにでも、姿勢の大切さを伝えられたことを良しとしながらも、「学校教育のあり方」を考えさせられた体験でした。

◇子供へ伝えること◇

私は最初に「声の道場」で、日本人の声が弱ってきていることに気づき、「それは、息がしっかり遣えていないためだから、まずは姿勢を良くしなければいけない」ということから、道場での教えは〝姿勢を直すこと〟をまず第一としてきました。中学生の授業でも、姿勢を正せばどんなメリットがあるかを伝えたところ、生徒たちの反応はとても良く、「小さい頃から知っておいた方がいい」という感想が多くありました。私も常日頃から「日本人の声だけでなく、その体を強くするには、子供の時から姿勢を良くするのが大事だ」ということを強く訴えたいと思っていました。小さい頃からいろいろな習いごとや勉強をさせるのが当たり前になってきているこのごろですが、その前に「日常の姿勢を良くすることを当たり前にしたほうが、いいのではないか」と思うのです。

子供が「自分からやりたい」ということをさせるのなら別ですが、親の思いで早くから勉強や運動を習わせることは、子供の体や脳にその知識や技術を早い時期に覚え込ませるのには有効でも、長い目で見た場合、将来伸びるかどうかという点においてはどうなのかなと思います。それよりも、日常の姿勢を気をつけたり、外遊びをしっかりさせるほうがいいように思うのです。例えば、同じ〝歩く〟〝遊ぶ〟にしても、姿勢が良いのと悪いのとでは運動量がすごく違ってきます。スポーツをする場合も、その時は姿勢を良くしていても、日常の方が長い時間を過ごすわけですから、日常での姿勢が悪ければ、筋肉を使う効率は低くなってくるし、怪我の要因になることもあります。また、姿勢が良いことが当たり前になっていれば、学校で授業を受ける時でも自分で勉強する時でも集中力が違ってくるので、「聞き取る力」「理解する力」がアップするのではないかと思います。

実際、中学生の授業の後にそういう感想を寄せてくれた子がいました。もちろん声にも響きが出て、自分の意見を発表したり、周りとのコミュニケーションをとるのにも力を発揮することでしょう。友達と上手く話せなくて不登校になっていた中学生が、「声の道場」で姿勢を直し、自然な声で発声することに取り組むようになってから、言葉が聞き取りやすくなり、友達とのコミュニケーションがとれるようになって、元気に高校に行けるようになった例もありました。

私は、五〇代半ばに膝を痛めたことから友人に紹介してもらった接骨院の先生のところに、膝が治った後も定期的に通っています。今の自分に必要なストレッチや筋トレを教えていただいたり、自分では気づかない体の歪みがないかをチェックしていただいたりしているのです。何年か前、小学生の孫がバスケットをしていて同じ箇所を何度も捻挫する時期がありました。「もしかしたら、姿勢に問題があるのでは?」と思い、その先生のところに連れて行きました。私が指摘するよりも、孫は納得するのではないかと考えたのです。案の定、正しい姿勢ができていませんでした。治療と並行して姿勢を直していただいた結果、それから捻挫をすることがなくなりました。そのときの孫のように、しょっちゅう怪我をすることがある子供は、いちど姿勢を見直すといいのかもしれません。

私のところに稽古にみえる方の中にも、ときどき体の歪みを直さないといけない方がいらっしゃいます。私では直すのが無理なときは、その接骨院の先生を紹介するときがありますが、その中の一人の方のお話です。ご本人は、施術を受けてとても体調が良くなって来たのだそうですが、あるとき、その先生のところに小学生のお子さんを連れていらしたとのこと。学校のバス旅行があるのに、いつも乗り物酔いがひどいので心配になり、相談なさったのだそうです。先生は「前屈みの姿勢が悪い」と指摘され、良い姿勢を指導し、胸を開く体操を教えてくださり、「バスに乗る前に、必ずその体操をするように」とおっしゃったとか。そして心配しつつ旅行に送り出したところ、驚いたことに一度も酔わなかったそうなのです。姿勢が良くなったことで、神経や内臓が圧迫されなくなったということなのでしょうか。詳しい理由は分かりませんが、乗り物酔いだけでなくよく体調を崩す場合も、まずは姿勢を見直すことによって、薬を飲まなくても済むようになるかもしれません。背筋が伸びることで目線も上がり、気持ちも前向きになるということもあるでしょう。中学校での授業の感想にもあったように、姿勢を正しくすることは〝一石何鳥〟にでもなりそうです。

私は、若いときにはそれほど姿勢が良いほうではありませんでしたが、能という軸を作った構えが不可欠な稽古を始め、それに長年取り組んできたおかげでとても姿勢が良くなり、七〇歳になった今も高校生の時と同じ身長を保っています。もちろん他の要因もあると思いますが、姿勢が悪ければ頭が前に出て、その結果背中が丸くなり、身長が縮むようです。検診の時に、お医者様から「ウーン、この歳になるとたいてい何センチか身長が縮むんだけどね？」と言われました。また、ときどき調子を見ていただく鍼の先生にも「姿勢が良く、大きな声を出すことは、呼吸や内臓にも良い影響があるね」と褒めていただきました。良い姿勢を私にもたらしてくれた能に、本当に感謝です。これからも、良い姿勢と毎日続けている軽いストレッチや筋トレとをセットで、その効用を周りの人に伝えていきたいと思っているこの頃です。

私は、人生の途中から姿勢の大切さに気づきましたが、ほとんどの人が気づかないか、気にしないのが普通のようです。子供が小学校に上がる前ならば、親や保育園・幼稚園の先生が、遊びや食事などのときに少し気をつけてあげれば、理屈でなく素直に言うことを聞いてくれるでしょう。褒めてあげれば、返事も手を上げるのも精一杯元気に、体で反応してくれるでしょう。「姿勢を良くしなさい」と言うのではなく、「お背中ピン！」というような声をかけて、条件反射で背筋が伸びるようにするのも効果があります。私は、小さい子にお稽古をつけてあげる時にはよく使いました。

また、外で精一杯走り回って遊ぶことでも姿勢は良い状態になるでしょう。最近では社会的な問題もあってか、昔のように子供だけで外で遊ぶのを見かけることが少なくなりました。木登りをしたり、石けりをしたり、ゴム段をしたり、鬼ごっこをしたり、ということもなかなかできないようです。また、鞠つきやお手玉、〝花いちもんめ〟や〝かごめかごめ〟などの、歌いながらの遊びもほとんど見かけません。それでも大人が、少しでもそういう場所や時間を作ってあげることが必要なのではないかと思います。

子供が小学校に上がってからは、親の目はもちろんですが、学校で子供たちと向き合う時間が多い先生の目が大事になってきます。授業中や給食の時などに、ある程度は先生方が注意してくださらないと、子供たちの姿勢はだんだんと緩んできます。お稽古に来ているあるお母さんが「幼稚園のときはよく外で遊ばせてもらったし、家でも外遊びをよくしたので体を動かすことが多かったけれど、小学校に上がったら、校庭での制約も多くて運動量が減り、机に向かう時間のほうが多くなったせいか、姿勢が悪くなってきた気がする」と話していました。子供がある程度大きくなると、小さい頃のように褒めたり「お背中ピン！」と言うだけでは、言うことを聞いてはくれなくなります。静かにしていなければいけない時間が増え、大きな声を出すことも少なくなるでしょう。夕方学校から帰ってからも外で遊ぶ時間が少なくなれば、学校以外で体を動かしたり声を出したりする習い事をしている子と、そうでない子の体力の差が出てくるかもしれません。ただ前に述べたように、日常の姿勢が良ければ、遊んでいても普通に歩いていてもある程度は体がしっかりしてきます。

学校では歌を歌ったり音読する時間があると思うのですが、そういうときに「姿勢を正しくすると体に声が響く」ということを、先生から子供たちに教えてほしいと思います。体に〝気持ちがいい〟と感じさせることが重要なのです。このごろでは音読の宿題があるようで、お家の人が「姿勢正しく読めているか」「大きい声ではっきり読めているか」などをチェックするようなシートもあります。そんなとき、親や家の人は本当に子供に向き合ってちゃんと聞いてあげてほしい。そして、しっかり姿勢を見ながら声を聞いてあげて、褒めてほしいと思います。それに加え、少し大きくなったら「姿勢を良くすると、どんなに体に良いことがあるか」を伝えてあげてほしい。ただその時、先生や親の姿勢が悪ければ効果はないので、子供に注意する以前に、まず大人が自分の姿勢を正しているとが大切です。本当は、子供の姿勢を良くするその重要性が分かったら、自分の姿勢が正しいかどうかを確認することが先決ですが、どうも目の前のことに追われ、自分を振り返る余裕のない大人が増えているように感じます。中学校での授業の際に「周りの大人の姿勢を直してあげてね」と生徒たちにお願いしましたが、家族でチェックし合えればとてもいいと思います。

私はときどき娘から、孫のダンススクールへの送り迎えを頼まれるのですが、最初に見学したとき、先生が子供たちに「いいか？　姿勢が悪くて良いことは一つもないんだぞ」と話されているのを聞きました。孫がダンスが上手になることももちろん嬉しいのですが、それ以上に、姿勢を直してくださる指導者の下にいるということがとても嬉しくなりました。子供は、自分の好きなことを教えてくれる人の言うことは素直に聞いてくれるものです。

子供の頃から姿勢が良くて何も気づかずに、その恩恵を受けている人もいます。私の夫は昔からとても姿勢が良いのですが、実家は三世代家族が同居で、祖母や両親が姿勢には厳しかったとか。それが身に付いていたのでしょう。若い頃、あまりスポーツをしていなかったにも関わらず、スポーツマンのような体つきをしていました。子供の頃はよく外で遊んでいたようですし、営業の仕事でよく歩いたと思うのですが、姿勢が良かったために良い筋肉がつき、呼吸も深くなったのだと思います。歩く速度も速くて、一緒に歩くといつも小走りでついて行く感じでしたし、人前で歌ったり話したりしても、とても響きのある声でした。お酒も飲むし、夜更かしはするし、不規則な生活でメタボ気味なのに、健康診断でも六〇歳くらいまで悪いところがまるでなく、お医者様に「不思議だな？ 健康のために何か毎日していることはありますか？」と聞かれ、「毎日と言えば、セロリと豆腐を食べてることぐらいでしょうか」と答えたら、お医者様は首をかしげ「ウーン、それかなあ…？」と言われたそうです。それくらい、世に言う〝健康的生活〟とは無縁な人で、少し悪いところが出たら私から注意できるのに、と思うくらいでした。セロリも豆腐も、体には良いでしょうけれど、夫のいちばんの健康の理由は「子供の頃から、姿勢が良いこと」ではないかと私は思っていて、「子供の頃に躾けていただいたことに感謝しなくちゃね」と話したことでした。

その後退職して、家にいることが多くなってきました。そうなると、姿勢が良いといっても、体を動かさなければ宝の持ち腐れ。体は硬くなってくるし、循環も悪くなってきます。意思を持って歩いたり、体操やストレッチをしたりしなければ、悪いところが出てくるのは目に見えています。今までの〝子供の時にいただいた宝〟である自分の体を、これからは自己責任で元気に保っていってほしいと願っています。

まだ自分の体のことなどを考えられない頃に大人から授かる、〝良い姿勢〟という宝物。また、それを保つために「姿勢を良くすると、なぜ体のためになるのか」ということを理解をさせてくれる教え。この大切さを、なるべくたくさんの人に知っていただきたいと思います。

◇甥からのメール◇

私は、福岡県うきは市の生まれです。実家は八百年も昔からその地にあり、いまも米や茶、柿などを作っています。私が生まれた、楠に囲まれたその家（屋号は楠森）の周りには、昔からの風景がそのまま残っていて、帰省のたびに心が洗われるような気持ちになります。現在は兄と甥が、家屋敷と昔から伝わる神事行事を守ってくれています。母屋は明治期に建てられたもので、いちばん古い蔵は江戸時代の後期に作られたものです。年々老朽化も進み、台風や大雨の度に傷んでいく速度にその修復の費用は追いつかず、国の登録文化財に指定されたとはいえ、今の時代ではとても個人で守っていけるものではありません。

甥は三十歳の時に脱サラして、家族と一緒に楠森の地に帰って来てくれました。「兄の代で、この家は終わってしまうのかもしれない」と諦めかけていた私は、とても感謝しました。けれども家は老朽化が進んでいるし、なんとかお米や柿は作れているけれど人手も少なく、二百年の歴史を持つ広い茶園は荒れ放題になっていました。

甥は、自然を相手に慣れない作業を学び、死に物狂いで働き、その五年後、現在では珍しくなった実生《みしょう》（挿し木でなく、種子から成長した木）での在来茶を世に出しました。『楠森堂』というブランドでのインターネット販売や、蔵出し茶（五月にできたお茶を密封して古い蔵で熟成し、秋に開封）の試飲会を、実家を開放して催すなど、いろいろ試行錯誤しながら頑張っています。

「私にも、何か役に立てることはないか」と考えました。私ができることといったら能関係の催しをすることぐらいです。その家には「新座敷」と呼ばれている、三方が開けられる広い座敷があります（**写真**）。「新座敷」といっても大正時代にできたものなのですが、昔両親と「ここの庭を観客席にしたら、能の舞

楠森堂の新座敷での発表会

台みたいだね」と話していたのを思い出し、「試飲会に合わせて、私のお弟子さんの発表会をしたらどうだろう？」と思いつきました。お客様にも多く来ていただけるかもしれないし、お弟子さんたちも、こういう場所で舞ったり謡ったりするのを喜んでくださるかもしれない、と考えたのです。また、この家の現状と存在価値に、周囲の方たちから目を向けていただけるよい機会にならないだろうか、とも希望を持ちました。お弟子さんに相談したところ、遠いところであるにもかかわらず、思いがけずたくさんの方が参加を希望してくださいました。実家の兄と甥にも相談して受け入れを快諾してもらい、実現することになりました。

それから毎年その催しを続け、お客様もたくさん来てくださり、少しは役に立ったかなとも思うのですが、兄と甥の苦労はまだまだ続いています。甥の努力は並大抵ではなく、絶えず現状をインターネットなどで発信し続けました。それを認めてくださる方からの応援や、思いがけない繋がりもあり、最近ではいろいろなところから、甥の作る在来茶へのアプローチが増えているようで、私も嬉しく思っています。

他にも何かあるとメールで報告してくれるのですが、あるとき、昔から残る楠森周辺の原風景の中に大きな道路を通す計画が持ち上がっていることに反対して、「そんなことをさせてはいけない」と頑張っている様子を知らせてくれました。「日本人の心が、違う方向に向かっているよね」というようなやりとりをするなかで、いま私が本を書いていて「姿勢の大切さを訴えている」ということを知らせたところ、次のようなメールが来ました。

この家や周囲の環境を守っていくには、地域が元気でなければなりません。いま、世の中が違った方向に向かっているからこそ、何とかそれを食い止めなければ、地域の人の意識を変えなければ…との想いから、地域、学校、子供たちに積極的に関わってきました。

この数年間、本当に自分の生活を犠牲にしながらも、深く必死に関わってきたことで、いろいろなことが少しずつ変化し始めたことは強く実感しています。

話は変わり、姿勢のこと…。以前もお話ししたかもしれませんが、もともと私は悪い姿勢をしていました。最近はビデオを撮ることもありませんが、子供たちがまだ幼い頃はビデオ撮影を頻繁にしており、撮影係は当然、私。私がビデオ画面に映し出されることは滅多にありませんでしたが、ある旅行先で、子供と一緒に歩く姿を背後から撮影された映像を見て、自分自身の歩き方と姿勢の悪さに強い衝撃を受けました。それから、姿勢を正すことを意識するようになりました。

家や外に出た時も、鏡やガラスに映り込む自分の歩く姿、姿勢…「悪ければ、その場で意識して正す」ということを心掛けていると数年で…変わるものですね〜。意識することで、正しい姿勢に必要な筋肉も自然に鍛えられたのだと思います。

姿勢を正すことに意識的に取り組んできたことで年々それが身につき、姿勢がだんだんと良くなっていく数年間の過程で、周囲からの私を見る目や反応も、変わっていくのを実感していました。「姿勢を正すこと」たったそれだけで、これほど周囲からの見る目や評価も変わるんだ、と驚いています。

なんと、私が今回の本で訴えたいことを、しっかり書いてくれているではありませんか。甥の姿勢の良さにはいつも感心していたのですが、以前に褒めたとき、やはり私と同じように「朝晩のストレッチは欠かさない」と話していました。一人でお茶を作るのは、それは重労働です。「新茶の時期は徹夜が続く」と聞いていて甥の体を心配していたのですが、体を作るための努力をしていたからこそ、これだけ頑張ってこられたのだと思います。

早速返信しました。「このメール、今度の本に載せてもいい？」

◇日本人の姿勢が崩れてきた原因◇

「声の道場」を始めてから、〝響きのある、心に届く声〟のためには「息に声を乗せる」「深い呼吸をする」。そのためには「構え（姿勢）が重要である」と繋がってきました。道場以外でも、いろいろなところでワークショップや講座を重ねるにつけ、「どうして日本人には、こんなにも姿勢の悪い人が多いのだろう？」と考えさせられるようになりました。街を歩いていても電車に乗っていても、周りを見ると、若い人にも子供にも姿勢の悪い人が多く見受けられ、たまに姿勢の良い人がいると、かえってそれが目立つほどです。

私はその理由の一つとして、日本独自の座り方である〝正座〟を多くの人が放棄したということがあるのではないかと考えています。能もそうですが、日本文化の代表として海外にも紹介される茶道にしても華道にしても、着物での作法にしても、まずは正座から始まります。それなのに、いつの頃からか「正座で座る」ということが何かの罰に使われたり、「スタイルが良くなるためには、正座をしてはいけない」と言われるようになったりと、〝正座〟はとてもイメージの悪いものになりました。私たちの子供の頃は、正座での食事、勉強は当たり前でした。現代では、正座ができない日本人のなんと多いことか。正座は、上半身を日本の構えで保つのにいちばん適した座り方なのです。

食事の時の作法を考えてみてください。正座で食事をしている場合は背筋を伸ばしているので、茶碗を持ち上げて食べますから、肘をついたり片手だけで食べることはありません。器を取り上げるときも、自然にもう片方の手を添えますから姿勢は崩れません。また西洋のテーブルマナーでも、ナイフとフォークを持って両手を均等に使いますから、おのずと背筋が伸びます。このように、様式が違っても正しい座り方をしていれば、どちらも姿勢良くいられるのです。

子供の頃に正座の経験があれば、椅子に座ったときも、腰を立てて上半身の姿勢を保つことが自然にできると思います。良い姿勢を保つことができるようになっているのであれば、大きくなって正座ができなくても問題ないのです。けれども、正座の経験をほとんどしないままで、また、西洋のように椅子に腰掛けるための正しい姿勢をすることにも慣れていない子供たちが、学校で椅子に腰掛けたときに〝後ろに寄りかかったり〟〝机に肘をついたり〟ということが多くなるのは当たり前ではないでしょうか。それに加え、体育の時間などに子供にさせている座り方（〝体育館座り〟とか〝お山座り〟とか言われているようですが…）も、背中を丸くして正座の姿勢から遠ざかることで悪い姿勢を助長させている要因だと思います。まずは〝しっかり腰を立てる〟椅子の座り方を教えなければなりません。腰を立てて座ることは、〝正座の感覚〟があれば楽にできます。道場にいらっしゃる方に「腰の位置が分からない」という人が多いのも、〝正座の感覚〟がないことが原因の一つのような気がします。

無理に長く正座をさせる必要はありません。和のお稽古では必ず、最初は正座をしてのご挨拶から始まります。お稽古でなくても〝ごっこ遊び〟でもよいのです。日本には「正座してお辞儀をする」という習慣があることを、自然に覚えさせてあげるだけでよいのです。ときどきそうすることで、当たり前に正座ができるようになります。そして椅子に座ったときにも、腰を立てて姿勢を正すことが容易になることでしょう。また、しばらく悪い姿勢でいたとしても、良い姿勢に戻りやすくなるでしょう。

スマホやパソコンは姿勢を悪くする要因であり、子供のうちはあまり長い時間使うことは良くないと思いますが、大人になったときに〝腰を立てること〟が自然になっていれば、スマホやパソコンでの良くない状態での体勢でも、ときどき背伸びをする程度で、良い状態に戻ることができると思います。「自分の体のいちばん良い状態を知ったうえであれば、すぐに元に戻すことができる」そのためにも基本の腰の位置を知ることが大事であり、子供のときに正座を覚えることは有効だと思います。

「正座をさせてはいけない」という負のイメージが、正座のできない人を増やし、体を中途半端に西洋化させてしまったのではないかと思うのです。もちろん西洋での良い姿勢というものは別にあり、西洋の文化を身につけるバレエや声楽などのレッスンをする人たちは、西洋の体の軸を作らなければいけないので「正座をしない」という選択もあると思うのですが、どちらの姿勢もできない人が多くなってきていることが問題なのではないでしょうか。日本の作法として、正座してお辞儀をするくらいは、子供のうちに身につけさせてあげたらいいと思います。畳のある和室が少なくなっていることも、正座が日常から消えていく原因になっているかもしれませんが、カーペットでも板の間でも、少しの時間なら遊び感覚で正座を教えてあげるのは簡単だと思います。西洋と違って靴を履いているわけではないのですから。ほんの少しそういう意識を持つだけで、〝日本人の体の基礎〟を作り、一生を通じて〝自分の国を理解する心〟が育つのではないか、と希望を持つのです。

また私は、「姿勢が悪く、腰の位置が分からない」という人が増えた原因が、もう一つあるのではないかと思っています。それは、幼児以前の赤ちゃんの時期にあります。『声の道場Ⅱ 〜ハイハイ・ハイィッのすすめ〜』にも書いたのですが、早い時期から歩行器を使ったり、伝い歩きをさせたりして、ハイハイをする期間が短かくなることで、腰の自然な使い方を覚えないままに成長してしまう人が多くなっているのではないかと思うのです。

大人がハイハイをしてみるとよく分かるのですが、四つん這いで頭を上げた姿勢はけっこう大変です。人間は体全体に対して頭が重いので首や肩、それを支える他の部分にも負担がかかります。そのうえ胴体を支える状態で動くため、腕や足の筋肉やバランス感覚も鍛えられます。ハイハイは全身を使う運動なのです。また、ハイハイをすることで早い段階で行動範囲が広がり、たくさんの刺激を受けることで、赤ちゃんの精神的発達にもとても役立つとも言われています。

あるとき「声の道場」から謡の稽古に入られたお弟子さんが、驚いたようにおっしゃいました。

「先生、小さい子って自然に正座しちゃうんですね。そして何か物を取るときも、先生がよくおっしゃるように〝自然に、腰から動いている〟ので、それをずっと見ていて勉強になりました」

小さいお孫さんが遊ぶ姿を見て、気づかれたようです。そのお弟子さんは小さいときからあまり正座をすることがなかったらしく、「声の道場」にいらして最初のうちはなかなか正座ができず、椅子に腰かけて稽古をしていらっしゃいました。それから何年か経ったこのごろでは正座で謡うことができるようになられ、ついこの間〝腰から動く〟ということをお教えしたばかりだったのです。〈負うた子に教えられ〉ならぬ、〈座った子に教えられ〉でしょうか。折りがあれば赤ちゃんがハイハイをして止まるところを見ていてください。ペタンとした可愛い正座を、当たり前のようにしていますから。

しっかりとハイハイをしたうえで自分の力で立ち上がり、一歩ずつ重心を乗せて動き出すことがいちばん腰に力が入り、転びにくく足腰のしっかりした歩行に繋がるのは当たり前なのです。まるで、四足歩行から二足歩行に移行する太古の人間の動きを見るようではありませんか。相撲などは特にそうですが、大きくなって運動をするようになった時のいちばんの基本の足腰の基礎づくりは、ここで始まっているかもしれません。

ある日、インターネットを見ていて「サッカーのタレントは都会のど真ん中よりも、その周辺都市で外遊びのできる環境から出てくることが非常に多い。そして多くのケースは飛んだり跳ねたりの外遊びが自然にコーディネーショントレーニングになっています。いい意味での『山猿』がそこにはいます。相撲なんか最高のトレーニングになると思います」という文章を見つけました（サッカー指導者向けの雑誌『ジュニアサッカーを応援しよう！』の記事だったようです）。そういえば「サッカーのトレーニングのために、相撲部屋に摺り足の稽古に行く」という話を聞いたことがありました。

幼児期の過ごし方が大切なことは、この記事でもよく分かります。それよりもっと早い時期の、歩き出す前の段階から気をつけることによってしっかりした足腰を作り、そのことが、正座をしやすい体を作ることにも、幼児期の良い姿勢にも繋がることと思います。

「日本の体を取り戻そう」というテーマは、赤ちゃんのときから始まっていいます。そのことを、子供を見守る大人にぜひとも意識してほしい。そして大人になってからは、自分の体と対話しながら良い姿勢を意識してほしい。そう願っています。

注：正しい正座の仕方
『声の道場 ～日本の声が危ない～』一〇三頁参照
ハイハイから正座へ、ハイハイから立ち上がる
『声の道場Ⅱ ～ハイハイ・ハイッのすすめ～』三〇頁参照

第二章　体を和の楽器に

◇和の発声を外国人に◇

先日、珍しいワークショップのご依頼を受けました。私と流儀は違うのですが、ある能楽師の方からのお話で「外国人対象の演能の前に、いらしている方たちに〝和の発声〟を体験させてほしい」ということなのです。能は『隅田川』という曲で、「我が子を探し求めて旅をしてきた母親が、その死を知らされ嘆き悲しむ」という内容の悲しい物語で、後半の謡の中では念仏が何度も唱えられます。この時のテーマは「悲しみを覆う声」ということです。私はこれまで「息に声を乗せること」を皆さんにお教えしてきて、「息を遣った声は、感情を表現できる」とお話ししてきました。「そのことが、外国人の方にも通じるだろうか」とても興味深く思い、師匠のお許しを得てお受けすることにしました。

「さて、どのような形で進めようか」と考えていたところに、当日のタイムスケジュールが届きました。私の受け待つ体験ワークショップの時間は一五〜二〇分しかありません。通訳も入るし正味十分弱…、頭を抱えました。これまでのワークショップでは短くても一時間、普通は二時間かけて説明と体験を構成していました。説明なしの体験はとうてい無理で、日本人相手のときのように〝あいうえお〟や〝いろは〟も使えません。悩みに悩んだ末に、究極の引き算で構成を考えることにしました。「今までにないワークショップにしてみよう!」

パンフレットに載せる内容は

「人が声を出して表現をすることにおいて体を楽器にすることは、古今東西を超えて当たり前のことです。では、和の発声が西洋の発声とどう違うのか。それをお話しして頭で分かっていただき、短い時間ですが自分の体が和の楽器になるという体験をしていただこうと思います」

としました。

通訳の方とも、時間に無駄が出ないように入念に打ち合わせをさせていただき、当日を迎えました。能楽堂の舞台の上から、三百人以上の方に向かってのお話です。まずは、西洋と日本の文化の比較をしました。「歴史的な建造物、お城や寺院は、西洋では上に向かってそびえているのに対し、日本では下に広がる安定的な形をしている」「西洋の古典の芸術、バレエが上に向かい軽やかに歩き高く飛ぶのに対し、日本の能は上半身が上下動しないように床を削るように摺り足をし、飛ぶときも高くというよりいかに安定して着地するかを求める」ということを説明しました。そして生活習慣として〝腰掛ける文化〟の西洋と〝床に座る文化〟の日本の比較です。「私たちの子供の頃までは、正座での食事や勉強が当たり前だった」「音楽の演奏や歌を歌う時も、西洋では腰掛けるか立っているのに対し、日本の古典芸能ではほとんどが正座である」ということをお話ししたところで、体を楽器にする話へと繋ぎました。〝体を和の楽器にする〟ということは〝正座の構えをする〟ことなのです。まず、私が正座の説明をしてから「正座の構えは上半身だけなら椅子でも大丈夫なのだ」と話し、私も床几《しょうぎ》に腰掛けました。ここから体験に入りました。通訳の方との息も合い、どうにか時間どおりいけそうです。

「背もたれから体を起こし、少し前のほうに腰掛けてください」「膝を肩幅くらいに開いて、膝の下に足がくるようにして」「お臍を足の間に押し出すようにして、重心を前にかけてください」「顎が出ないように」「耳が、肩に垂直になるように」「肩の力を抜いて」「そうです。これで和の楽器ができました」

それから、体に声を響かせるのですが〝あいうえお〟も〝いろは〟も日本語の歌も言葉も使えない中で、いろいろ試行錯誤して私が考え出したのがハミングでした。軽いハミングでも構えが和の楽器になっていれば、響きが和になることに気がついたのです。

「これから、皆さんの体の楽器のチューニングをします」「音階を気にせず、今の構えを崩さないで、口を閉じたまま喉のあたりを響かせてください」「ハイッ！」

なんとも言えない響きが少しずつ共鳴し出し、能楽堂に広がりました。〈やった！〉上手くいったのです。

「では今度は、そのままの構えでみぞおちあたりに響かせてみましょう」低い響きになりました。「頭の後ろに響かせてみましょう」柔らかく高い響きです。「そのまま頑張って続けてください」「下腹のあたりが、少し堅くなってきませんか？」口を閉じているために息が体に溜まっていて、高い声には鋭い息を遣うため、肺から息が出ないように頑張っていた下腹の呼吸筋が堅くなってきたのです。「堅くなってきた人は手を挙げてください」半分以上の方が手を挙げてくださいました。「その堅くなったところが、和の発声のいちばん大事なところなのです。能楽師は若い頃からその筋肉を遣っているので、息をしっかり体に溜められ、響きのある声になります」「深い息に乗った声には、感情がこもります」「今日の能では、亡くなった子供を思い悲しむ母親が念仏を唱えるのですが、最後に皆さんに、感情のこもった声を体験していただきましょう」「正座の構えをして」「目をつぶって」「もう会えなくなった方のことを思い出しつつ、さっきのように喉のあたりでハミングしてみましょう。」

本当に感動しました。〝懐かしさ〟〝悲しさ〟のこもった、しみじみとした響きが能楽堂に満ちてきたのです。少し時間が延びてしまいましたが、後日、主催者の方から「参加してくださった方たちに好評だった」と伺い、ホッとするとともに、思いもかけない良い体験をさせていただいたことをありがたく思いました。

◇悩んだ末の発見と学び◇

お話しする相手が外国人、時間の制約、などと悩みに悩んだ体験ワークショップでしたが、新しい発見がいろいろとあり、とても面白い経験でした。

悩みの一つは、発声体験に日本の文字音を使えないことでした。普段でしたらまずは母音の発声、それから子音を乗せ言葉へと移るのですが、日本語も使えないし、通訳を介しながら説明をすると制約のある時間が足りなくなってしまいます。また、三百人以上に相対するのですから、口の開け方などを個人的に注意することができません。「言葉にしない音…そうだ、ハミングがある！　でもハミングは、鼻に軽くメロディーを響かすもの。言葉もいらないけど、和も洋もないかな…。いや、体を楽器にしたうえでするのだから大丈夫、まずはやってみよう！」

まず正座をして、顎が出ないように気をつけて口を閉じ、声を出す器官である声帯の付近を意識して声を響かせてみました。顎を引いていると声は鼻には響かず、思ったより自然に和の音が体に響くではありませんか。気楽に鼻に響かせば軽い音になりますが、体を楽器と考えて正座で構え、「どの部分を鳴らそうか」と意識して響かせば大丈夫なのだと思いました。今度はみぞおちのあたり、次は後頭部、ちゃんと体が和の楽器として機能します。いろいろと思いを乗せてハミングしてみました。悲しい音になったり、嬉しい音になったり。「これで行こう！」

体験の中心部分が決まれば、後は、どのように説明をして「正座の構えが和の楽器になるのだ」ということを理解していただくかです。時間がたっぷりあれば、それほど細かに考えずに、あれもこれもと例を挙げて説明するのは慣れています。けれども、今回は通訳も入るので、無駄なく分かりやすく大事なことだけを取り上げなければなりません。今までになくあれこれと箇条書きにして、言葉を入れたり消したり、通訳もしやすいようにと考えながら、話す内容の準備をしました。自分の考えを整理して「いかに分かりやすく、人に伝えるか」という今までにない学びになりました。

どうにか無事に役割を終えましたが、その後の謡の稽古場で、お弟子さんたちにこのワークショップの体験を話しているうちに、せっかく思いついたハミング体験をもっと進化させたくなってきました。お弟子さんたちに、外国人の方と同じようにハミングで体のいろいろなところに声を響かせることをしてもらっているうちに、「これは、謡の稽古にも使える」と思うようになりました。ここで稽古をしている人たちは、これまで「声の道場」から謡の稽古を続けてきているので、お腹の力がだいぶ付いてきています。外国人の方たちには音を響かせるだけしかできませんでしたが、お弟子さんたちには正座で謡の構えをしてもらい、ハミングしながら腰で下腹を押すように力を入れてもらいました。私も一緒にやってみます。なかなか良い感じで、お腹と声を響かせる場所の繋がりが感じられます。これまでも「声の道場」から謡の発声へ近づいてもらうためにいろいろな稽古法を取り入れてきましたが、口を開けないこの方法は息が漏れず体に溜まるので、「息に声が乗る」ということを感じてもらう良い稽古法だと確信しました。また「これまでやってきた和の発声の理論は間違っていなかった」という再確認にも繋がりました。

謡の稽古は「和の楽器としての体の感覚を鍛える」こと。そうすれば自然に思いが息に乗るようになるし、知らないうちに健康な体が作られていくのだと思います。一冊目に書いた本『声の道場 ～日本の声が危ない～』の最後で、私は

「心技体」という言葉を「体技心」に言い換えてみました。謡の稽古を引き合いに出してもう少し細かくいうと、構えと息（基本の体）を身に付けつつ、声の響かせ方、お腹の使い方、息遣いのイメージなどなど（技術）を訓練し、それらを稽古していくうちにお腹が培われ、感情（心）を自然に表現できるようになるのではないかと思うのです。

謡に限らず、声を使う表現では〝思いを込めること〟がとても大切ですが、息に乗らない声では〝思い〟は相手に伝わらない。頭で理解する表現以前の、体の存在をもっと考えるべきではないでしょうか。

第三章　新聞記事から

五年ほど前、朝日新聞に『華麗な人』というテーマで、舞台人や音楽家などへのインタビュー記事が連載されていました。とても興味深い記事が多く、それらからヒントを得ることで「声の道場」での稽古法の幅が広がりました。

◇声楽のイメージトレーニング◇

歌手の森山良子さんが中学生の時に師事された声楽家の高い声を出す稽古法に

「新聞紙を頭の上で裂きながら声を出す」

というのがありました。私も実際にやってみたのですが、立ち上がってその姿勢をとると当然、上を向き胸を張ることになります。そのまま新聞を裂くようにしながら声を出してみると、私が今まで出したことがないような〝高くて澄んだ声〟が頭の上から突き抜けていきました。「イメージを持って声を出すってすごい」と思いました。このイメージは声楽の練習法ですが、謡でイメージを持つとしたら何を使うかを考えてみました。声楽のことはまるで分からないながらも、立った状態で新聞を頭の上で裂きながら出した声は〝腰から頭の上に抜けていく感じ〟でした。謡では、私の高い声の感覚は〝お腹から後頭部にラインが走る感じ〟です。もちろん、和の楽器である正座をして、腰を入れて構えるとイメージが湧きました。

「正座の構えを崩さず、膝の前で太い紐をしっかり結びながら後頭部を
意識して声を出す」

このイメージでは下腹にグーッと力が入り、体に息が詰まった状態になるので、その瞬間に声を出してみました。「お腹に力が入らない人には、良い稽古法になるかも」と思い、楽しみになりました。

「すりこぎの先に布を巻いてみぞおちに当て、押し返しながら発声する」

という練習法も載っていました。「謡だったら、押し返す場所は下腹だな」と置き換えてやってみたりもしました。何でも教材になるということを改めて学び、

とても参考になりました。

◇体の中心から奏でる◇

また、チェリストの藤原真理さんの記事にも、とても共感できました。記事からの抜粋です。

「音の違いをよく聞いてください」藤原真理さんは、いすに座ってチェロを奏で始めた。背中を猫背にしてみる。途端に音がこもった。胸が広がらないので呼吸も浅くなり、腕も効率よく動かないという。次に背中を反り返らせる。開放的だけど、散っていくような音。これもいい響きではない。

左足のつま先を一センチ足らず内側に入れると、音色がまた変わった。楽器が乾いてチリチリした音が出るときはこうして少し内股にする。

「いい音を出すには背中から座骨、骨盤が大切です。骨盤は左右均等にしっかり下ろして安定させる。体の中心線をまっすぐ保ち、足を体格に合った位置に置く。それで初めて上体に力が入らず弾ける」

今度は「目をつぶってみて」と言われた。自分が吐く息を意識しながらゆっくり深く呼吸する。

「感じません？　自分の中心線」

ゆったりしたテンポの曲を弾くときは、その中心線を一本の大木のように太くイメージする。テンポが速く激しい曲は、中心線をできるだけ細くシャープに。

「低い曲の時は重心をちょっと低めに、高い音は内臓を引き上げる感じで弾くんですよ」と解説する。

高校生の時腱鞘炎になって以来、体や筋肉の使い方を研究してきた。自宅で毎日四十分以上はストレッチをする。週一回はトレーニング、月一回は整体へ。コンクールの審査員で長時間同じ姿勢が続く時はダンベルなどの手軽な道具を持参し五分の休憩時間にも動かす。冬には合計で三週間以上は必ずスキーをするようにもしている。

「スキーも、骨盤の安定や使い方につながるスポーツです」

「楽器を奏でる」ということは、自分の体と楽器が一体となるわけですから、「軸を持った構えとイメージが必要である」ということについては、私が発声に関して考えていることとまるで同じでした。また、藤原さんが自分の体と対話し

つつ筋肉の使い方などを意識され、毎日のストレッチと月一回の整体を続けていらっしゃることも、〝まずは体〟という私の考えと重なりました。たぶん私と同じくらいの年齢でいらっしゃると思うのですが、なんだか力をいただいたような気がして嬉しくなりました。

◇軸のいろいろ◇

先述のチェリストの藤原さんは、体の使い方を考える中で毎年スキーをなさるようですが、それは〝体の軸〟を作るのに良いという理由からではないでしょうか。〝自分の中心線〟があることによって楽器と一体になり、自由に想いを奏でられ、心に響く演奏になるのだと思います。

スキーに限らずどんなスポーツでも、それに即した〝体の軸〟が大切になります。野球の解説者が、投手のピッチングフォームを見ながら「軸が動かないから良い」とか「軸がここで傾いているでしょう」などとコメントしているのをよく聞きます。また他にも、いろいろな競技の選手が動画や写真で自分の軸をチェックしている場面もよく見かけます。それは、自分の動きの芯になるのが腰を中心とした軸だからに他なりません。安定した結果を出すためには、軸のある動きを身につけなければならない。そのためには真摯に練習あるのみです。

それは私たち能楽師も同じです。これまでの章でも何度か能とバレエを比べてきましたが、今度は「軸はどう違うかな？」と考えてみました。上に向かって軽やかに動くバレエは、重力に逆らい腰を上に引き上げる方向の〝シャープでしなやかな軸〟のような気がします。それに対して能は、地に根を張るかのように腰を押し下げる〝太くて強靱な軸〟ではないでしょうか。それらの軸をイメージするだけで動きが見えてくる気がします。体を使う、いろいろな稽古やレッスンすべてにそれぞれの軸があります。またそうであれば、そのための「良い姿勢」がそれぞれ存在すると思います。それぞれの稽古やレッスンを積み重ねるうちに、頭で考えなくても軸のある状態を維持できるようになる。それが本当に〝体が覚える〟ことであり、〝自分の身につく〟ということだろうと思います。

〝軸の違い〟で面白い経験をしたことがあります。何年か前に「声の道場」の依頼をいただき、ある保養施設に宿泊しました。その施設では、朝ヨガに参加することができたので、私も初めてヨガを体験しました。いつも体を使っていることもあって、思ったより自然にできたのですが、片足で立ち両手を上で合わせる「木のポーズ」のときにびっくりしました。片足立ちは得意なはずなのに、インストラクターの方に言われたままにするとできないのです。なかなか上手くいかないままに終わり、ワークショップが済んで家に帰り、また挑戦してみました。今度は〝能の構え〟で片足立ちをし、両手を上で合わせて、それから上に伸びるようにしてみました。驚いたことに簡単にできるのです。私は〝能の軸〟は作れるけれど〝ヨガの軸〟は作れていなかったのだと気がつきました。朝ヨガの時できたと思っていた他の動作は、横になったり座っていたから、軸の違いをあまり感じなかっただけなのでしょう。私にも少しは〝能の軸〟が身についてきたのかなと思える出来事でした。

それでは、日常生活ではどうでしょうか。日常生活ではスポーツや芸事などのように、いつも自分の動作を意識しているわけではありません。仕事によっては、無意識に同じほうの手や足ばかりを使うことがあったり、重い荷物を持つことがあったり、中腰の仕事が続いたり、毎日の動作には自分の体を意識することが少ないので〝軸を感じる〟ということはなかなかないと思います。スポーツや芸事を仕事や趣味にし、軸を意識している人は普段から姿勢が良いし、日常のいろいろな動作をするときも大丈夫だと思いますが、姿勢の悪い人は、日常の決まりのない動きを続けているうちに、知らず知らずのうちに体に変調をきたし、肩が凝ったり、腰が痛くなったり、膝が痛くなったりして、病院に行くようなことになるかもしれません。

けれども、日常以外で軸を感じるような特別なことをしていなくても、「姿勢を良くしよう」という意識を持つことによって、その人の体は変わってくると思います。その意識を持って毎日を送っているうちに、姿勢を良くするための筋肉が鍛えられてきます。それに加えて、軽いストレッチを日課にして続けていけば〝良い姿勢〟が身についてきます。その頃には〝自分の中心線〟いわゆる〝軸〟を感じられるようになると思います。私の実家の甥が、自分で意識を持って姿勢を直した例もあります。「一人では無理だ」と思う方は、最初だけは、整体の先生や理学療法士などの専門家の方に〝良い姿勢〟を教えてもらうといいかもしれません。もちろん〝姿勢が良くなるような運動〟を何かなさるのもお薦めです。

「運動はどうも…」という方は、高齢でも始められるヨガや太極拳のような〝動きの緩やかな運動〟、または、歌や謡のような〝声を出すような稽古〟もいいと思います。自分の体（姿勢）のために始めるのですから、必ずしも上手になることを目指す必要はありません。いまよりも良い姿勢を手に入れるために、自分の軸を感じられるようになるために、とても有効だと思います。

「自分にとって〝気持ちの良い状態〟とは、〝軸のある良い姿勢でいる時〟だ」ということが自分にインプットされれば、少し体に変化があったときでも早めに違和感を感じられるようになり、それをストレッチやウオーキングなどでみずから直す方法も分かってきたりします。それが「自分の体と対話できる」ということなのです。実際、いつでも最高の状態でいられることは無理ですし、体のことばかり考えて生きているわけにもいきません。上手に自分の体と対話して「これは、自分で直すのは無理かも」と思ったときに相談できる、信頼のおける先生があればいちばん安心ですね。

ところで「いい加減」という言葉は、最近では悪い意味に使われることが多いですが、「熱くもなし、ぬるくもなし、ちょうどいい加減」と言うように、本来はちょうど良いところを求められる、とても良い状態を指すものです。「少し軸がずれたとしても、自分ですぐ直せるような、そんな状態」＝「いい加減な体」。普通の人はそれでいいのだと思います。

また、考え方がしっかりしている人に対して、よく「あの人にはバックボーンがあるよね」などと言うことがあります。バックボーン＝背骨＝軸、つまり「考え方に軸がある」＝「信頼できる人」ということでしょうか。「体に軸がある」＝「信頼できる体」＝「自分と対話できる体」、思わずそんなことを連想してしまいました。

体と心、どちらにも軸を持ちたいものです。

第四章　能エクササイズを始める

◇声は息、息は構えにあり◇

謡の発声を基本にした〝和のボイストレーニング〟ということで始めた「声の道場」。そこにいらっしゃる方の声の悩みのあまりの多さに驚き、それに相対しているうちに、「日本の声が危ない」というだけではなく「日本の体が危ない」ということに気づきました。そして今は「日本の体を取り戻す」ということが、日本語を使う〝和の声〟に繋がるのだと信じています。

①声は息に乗せる

↓

②息は構え（姿勢）による

↓

③良い構えを意識する

↓

④ストレッチなどで体をほぐしつつ、日常の姿勢も意識する

↓

⑤体に軸ができる

↓

⑥声だけでなく、動きも良くなる

↓

⑦健康的な体を得る

このような流れを試行錯誤しながら、自分の体でも、声の道場にみえる方のお稽古でも実践して十年が経った今、いろいろと効果が見えてきました。「話す声が別人のようにはっきりしてきた」「強い声で謡えるようになった」という「声の道場」としての成果ももちろんですが、多くの方が姿勢が良くなり、健康的に前向きになっていらしたことに、とても喜びを感じています。

指導をする中で、稽古をしている方の体に力が入ったり、同じ姿勢を長くしていて辛そうなときは、稽古中でもストレッチで体をほぐしたりすることがあります。また、構えがなかなか上手くできないときは、軸を確かめるために片足立ちなどの軽い筋トレをすることもあり、ついには月に一度ぐらいですが、お弟子さんを対象に『謡と舞のための体作り教室』なるものを始めてしまいました。私が五十代半ばで膝を痛めた頃から続けていて、ほぼ毎日朝晩のルーティンにしている軽い動作をお教えするだけですが、本来の目的は、自分の体に目を向けていただくことでした。せっかく謡や舞という体に良いことを稽古していても、正座の構えをするがために〝肩が凝った〟〝首が痛い〟〝腰が痛い〟〝背中が痛い〟とかで、具合が悪いと思われることになってはもったいないからです。〝姿勢の悪い〟日常ではいつも使われていない、首や背骨を立てるのに必要な筋肉を急に使うのですから、その箇所が固くなり痛くなるのは当然なのです。それは必然性のある痛みといえます。

そのような凝りや痛みは、稽古の後に軽く肩を回したり首を回したり、朝や寝る前にアキレス腱や膝裏を伸ばすとか、腰をねじるとかの簡単なことで解決するので、そのきっかけになればと思って始めたのでした。中には、膝裏を伸ばすストレッチを始めたことで、それまで明け方に足が痙っていたのが治ったという方もいました。そのストレッチは、私が正座をすることが多いので膝の裏側が縮まり、表側が伸びた状態を解消するためにしているストレッチでした。また、腰を立てた姿勢で一日中謡や舞を教えている私が毎日している腰を緩めるストレッチが、ぎっくり腰の後の違和感に悩む方に有効だったりもしました。私が能を舞ったりお稽古が続くときの体を維持していく秘訣なので「謡と舞のための体作り」と銘打ったのです。

あるとき「正座は、足首が固いと痺れやすい」という話になりました。するとあるお弟子さんが「足首を柔らかくする画期的なストレッチを見つけて、二ヶ月続けたら相当改善されました」と言うのです。詳しく聞くと、彼女は小さいときから身体が硬いのが悩みだったそうで、整体に行ったり、ヨガを習ってみたり、理学療法士さんに相談したりしたのですが改善されないので諦めていたのだとか。そういえば彼女が謡を始めてすぐの頃に、三十分の稽古の後で立ち上がって転んで捻挫したことがあったなと思い出しました。他にも「体が固いがために上手くできない」ということもあったようです。それでもいまどきのことですから、彼女はユーチューブに上げられた理学療法士さんのいろいろな動画から、自分に合いそうなストレッチをピックアップしていろいろ試しているうちに、とても良いストレッチを見つけたので「絶対にお薦め」と言うのです。私はもともと足首が柔らかく、それで苦労したことがなかったので、彼女に「足首が固いという悩みがある他の人にも教えてあげて」と言って、急遽、足首ストレッチの時間になりました。びっくりしました。とても説得力があり、教え方が上手なのです。体が固いことを諦めていたのに、「好きなことを続けるためには、正座ができる体が必要だ」との思いから、自分で調べて解決法にたどり着き、誰かに直してもらうのではなく自分で研究して直したのです。これは自分の体と対話し続けたことに他なりません。

「この教え方は私にはできない。足首の悩みはあなたに任せるね。能エクササイズ初の〝足首専門〟インストラクター?」

と言って盛り上がりました。

「自分の体と対話しながら、体のいろいろな悩みを解決していく」これは、私が考えるいちばん良い〝体作り〟です。自分のいちばん良い状態を知っていれば、少しの違和感にも気がつきます。その時点で自分で対処するなり、整体や鍼など自分を分かってくださっている先生に診てもらうなりすれば、大変な状態にはならずに済みます。今の私の健康法です。

◇謡も舞も、腰から始まる◇

私は能楽師ですから、もちろん仕舞も教えています。「声の道場」から謡を始めた方たちの中にも、仕舞を始められる人が増えてきました。

仕舞は、初めに〝立った構え〟からお教えするのですが、昔は「真っ直ぐ立って、胸から下げた分銅がつま先に来るイメージで前傾して、重心を前に。頭をぐっと天に引き上げるように、少し膝を緩めて」「肩甲骨を横に開く感じで、脇に卵一つ分入るくらい腕を広げて」などなど、形から入っていました。それから摺り足を教え、一つずつ型を覚えてもらい曲に繋げるわけですが、最初は構えができていても、仕舞として舞う動きを考えるようになるとそれが崩れてしまいます。それでも、何度も稽古を続けるうちに仕舞の形になっていきますが、構えが落ち着くまでにはとても時間がかかっていました。

ところが、「声の道場」から謡の稽古に入った方たちの仕舞のお稽古を始めて、しばらくして気づいたのです。当たり前のことだったのですが、謡と舞の上半身の構えは同じだということに。能では、地謡は正座で謡っていますが、役の人は立って謡うこともあるわけですから、構えが同じでなければおかしいわけです。ということで、まずは正座の構えをしてもらい、そのまま上半身が動かないように腰を引き上げるように立ち上がる。正座のときから前に重心が乗っていますから、立ち上がれば自然に前傾姿勢ができあがっている。手の構えもできているので、あまり考えなくても舞の構えになるのです。もちろん、立ち上がるのに足の筋力が必要ですから、それがないと全身に力が入ってしまい腰が入らないのですが、そういうことが「舞うために必要な筋力の発見」ということになります。以前の教え方が外側から形を作っていたのに対し、「声の道場」で腰を入れる正座の構えを経験した人たちは〝腰から立ち上がる〟という感覚が分かるため、体の中からの構えができやすいということなのでしょう。

それから摺り足の稽古、型の稽古、そして仕舞の稽古へと続くのですが、〝腰から動く〟という感覚は分かってもらえても、頭を使って次のことを考えながら動くと、やはり構えが崩れてしまいます。これは、「声の道場」から謡の稽古に入った人たちの最初のときと同じだと思いました。発声で〝あいうえお〟や〝いろは〟を使った稽古をしていたときは上手くいっていたのに、文章を読む段になると構えが崩れ、喉声になってしまう。謡でなくても、朗読や語りの人がよく読み込まないで字面を読んでしまうときに喉声になるのと同じ理屈で、〝体から出る声〟でなく〝頭で読む声〟になるのです。謡の場合には、よりお腹からの声にならなければいけないので、構えがまだ自然ではなく意識して作っている状態では、頭を使って読んだ時点で構えが崩れるのは当然でした。そのため私は、家での練習では「大きな声を出さずにスラスラと体の中に入っていくような素読み」を薦めました。「構えを崩さず」「字を読むのではなく」「考えずに話すように言えるように」大きい声さえ出さなければ、ある程度の構えができている人たちならそういうことができます。そうすれば、口が普段の会話のときのように動き、不自然な喉声にならず言葉が息に乗ります。「息に声が乗る」から「息に言葉が乗る」に移行できるのです。

「仕舞の稽古も構えは同じだから、頭で考えられないような〝体で覚えるシステム〟をつくったらどうだろう？」

これが『能エクササイズ』を始めるきっかけでした。

◇摺り足とずり足◇

最初は、仕舞を稽古している方たちのための「構えと運び教室」ということで、月に一回の時間を設けました。

まずは謡の構えである正座を確認し、立ち上がる稽古です。上半身がぶれないいように、前に出した足に重心をかけたまま腰を持ち上げます。膝が悪い方は椅子に浅くかけ、同じように上半身の軸を意識して、同様に腰を持ち上げるように立ちます。そうやって立てば、立ち上がったときに仕舞の〝縦の軸〟が自然にできるのですが、最初はなかなか上手くはいきません。何度かやるうちに重心のかけ方が分かってきたり、自分の体の筋力の足りない部分や固い部分が分かってきます。上手くできない方も、何度かやっているうちに腰の入れ方は分かるようになります。〝横の軸〟は、肩甲骨を翼を広げるようなイメージで横に広げると、少し腕が体から離れ、自然な張りが出て一応の仕舞の基本の型ができます。それから摺り足の稽古です。

能では重心が両足に乗ることはありません。じっとしているときでも、必ず左右どちらかの軸寄り（内側）に乗っています。そうすると、右重心で立っているときは、当然スムーズに左足から出ることになるのですが、上半身が揺れないよう一足ずつ重心が移るのを意識しながら、なるべく踵《かかと》が浮かないように足の裏で板を削るように擦って進みます。仕舞では進むことを「歩く」とは言わず「運ぶ」と言うのですが、〝大事な上半身を下半身で安定して運ぶ〟ことからそう言うようになったのかなと思います。

「構えと運び教室」は仕舞を稽古している人だけが対象だったので、摺り足を何度も稽古した後は、重心を確認しながら捻ったり掛けたり回ったりして、最後に、張りの出た腰や足をほぐすストレッチをします。お弟子さんたちからは「仕舞の道順を考えなくていいので、自分の体のどこを使っているか、重心の移動などに意識がいって良かった」と言ってもらえました。全身のいろいろな筋肉を使うし、「これは『能エクササイズ』だね」と冗談を言っていたのですが、その後に思いがけず、その言葉を見つけることになります。

ある日、あるお弟子さんが、インターネットで見た北國新聞のホームページに

〈「能エクササイズ」初の書籍化〉という記事が出ていると知らせてきました。すぐに調べると、「金澤能楽美術館で、加賀藩十三代前田《まえだ》斉泰《なりやす》公が能の身体への効能を記した書物を、全文図録として初めて書籍化した」という記事でした。その書物は『申楽免廃論《さるがくめんぱいろん》』と題し、「脚気を患った斉泰が、医者から〝リハビリ〟として能の舞や謡を勧められた結果、回復に向かった」という経験をもとに書かれており、斉泰は「かかとを上げずに歩く能の動作すなわち摺り足によって、ふくらはぎが鍛えられる」ということなどを説いているのだそうです。早速、金澤能楽美術館にお願いして書籍を取り寄せました。

何しろ百七十年ほど前のことですから、その説が医学的に証明されたものとはいえませんが、脚気にかかった人を実際に調べたうえで「能の稽古をしている人の方が治りが早い」という調査結果も出しています。現在では、脚気になる原因や治療法ははっきりしており、当時そのときに「ふくらはぎを鍛えたから、脚気が治った」というわけではなく、「日常、能の稽古で鍛えていた人は、摺り足を続けていれば脚気が治りやすかった」ということなのでしょう。ちなみに斉泰は、七歳から能を始めて亡くなる七十四歳までのあいだ、歴代藩主の中で最多の演能回数なのだそうです。

足が痛かったり痺れていたら普通に歩くのは辛かったかもしれませんが、「摺り足ならできた」ということは、私にも合点がいきます。というのは、仕舞の稽古にいらして「膝が痛いので、今日はできないかもしれません」という方が、歩くのは痛いのに、仕舞の構えをして摺り足をしたら「あら、これなら痛くないです」とお稽古ができたこともありました。また、高齢になって仕舞を始めて、摺り足を稽古していた方から「先生、私は家で古い足袋をいつも履いていて、トイレなど急いで行きたいときは、仕舞のように構えて摺り足で行くんです。普段はふらふらしても、そうすると安定してサッと動けるんです」と言われたこともありました。

よくテレビの健康番組で「歳をとると、足が上がらなくなってすり足になり、転びやすくなる」という説明をすることがあります。私は、この「すり足」の使い方は大きな間違いだと思います。というのは、能での「摺り足」は腰を入れ重心をしっかり足で支えたうえで、板を削るように左右の足に交互に重心を乗せて運ぶ動きなので、片足を上げても、もう片方の足できちんと立っていられるのです。何かにつまずいたとしても、転ばずに身体を保つことができます。歳をとって足が上がらなくなるのは筋力が落ちるからですが、そのために足を引きずって歩くのは「すり足」ではなく「ずり足」なのです。「ずり足」であれば、ちょっとした段差でもつまずいてしまうでしょう。

「ずり足」にならないように「摺り足」の稽古をする。これは、斉泰が考えた「健康のために、能の稽古は効能がある」ということと、どこか重なるような気がしています。

謡の稽古の効能を並べた言葉として、『謡十徳』という昔から伝わる格言があります。その中に「薬なくして病を癒やす」という言葉があるのですが、「正しい姿勢でしっかり声を出すことや行動することが、健康な身体を作る」ということが、医療の進んできた現代では忘れられているような気がします。

◇本当の「摺り足」を教える◇

洋装で颯爽と歩く、その場合は西洋の姿勢と軸が必要で、普段は洋服しか着ない現代では、その歩き方のほうが好まれることでしょう。テレビなどで教えている歩き方〈ウォーキング〉も、だいたい西洋の歩き方です。

たまに、着物を着たときの和の歩き方を教えているのを見ることもありますが、その場合は、女性らしく見えるようにと〝歩幅を小さく〟〝少し内股に〟とかの、体の動きがあまりとれないような歩き方をさせています。美しく女らしく見えても、その姿は健康的とはいえず、女性が表にあまり出なかった時代の名残かなと思います。

私が健康のために推奨している「摺り足」は、能の運びであり、いわゆる女性らしさとはかけ離れています。能が伝承される中で、長年男性によって培われてきた歩行法です。とくに、戦《いくさ》がなくなった江戸時代に武家の式楽とされていたのには、能の動きが「戦うことがなくても、いざというときのために体を強く保つのに役立つ」ということがあったのではないかと思っています。当時の女性には縁のないものだったでしょう。

現代は〝戦うため〟ではなく〝生きていくため〟に強い体がいる時代であり、健康に関しては男も女もありません。しっかり地に付けた足で立ち、安定して歩く。そのために能の運び「摺り足」は有効だということ、そしてそれが体全体を強くするということを、多くの人にお知らせしたいと思っているのです。

「摺り足」を身につけるためには、ある程度の時間をかけて訓練しなければなりません。また、それを教える人には、能を舞えるくらいの力がないと難しいと思います。というのは、ただ足を擦り歩くだけでは表面的な真似にしか過ぎず、体全体で押し進む「運び」とはまるで違うものだからです。けれども、普通の能楽師が教えるお稽古は謡と舞です。「運び」や「発声」だけを教えることはまずありません。私は「声の道場」を始めたことによって、発声だけをお教えすることもありますが、声楽などのように発声を専門に教えるボイストレーニングの稽古場はほとんどないのです。ときどき、能のワークショップで運びや声の出し方を教えるようなことはあるようですが、それは「能の素晴らしさを伝えて広めよう」とか「お稽古する人を増やそう」という、教える側の目的で催されることが多く、体験として何回か先生の真似をしてから、すぐに仕舞に移ります。そのくらいのことで「本当の摺り足」が身につくわけはありません。そのまま仕舞を続けてもらえれば違ってくるとは思いますが、表面的な動きだけでは本当の良さは分かりません。体験したというだけで、能が少し分かったような気がして、それで終わるというのは、かえって本質から遠ざかるような気もします。

また、能というだけで「敷居が高い」と敬遠する人もいます。「声の道場」は〈能の声を基本にするが、能の稽古ではない〉ということで、いろいろな方たちがみえました。「能エクササイズ」でも〈能の運びを身につけるが、能の稽古ではない〉として、能楽師が教えてあげればよいと思います。能のほうからの都合ではなく「健康のために『摺り足』を身につけたい」という方たちのために…。長く続けていく中で、何人かは仕舞をしたくなる人もいるかもしれません。そうやって始めた方は、本当の能の素晴らしさを分かってくださると思います。「声の道場」がそうであったように。

◇リハビリのお手伝い◇

　ある日のこと、大病の後に言葉が出にくくなった方がお稽古にいらっしゃいました。退院されてほぼ身体は治られたのですが、リハビリは続けられており「カラオケでもよいので、声を出すことを何かやってみたら」と先生に言われたそうです。この方はご高齢なのですが「昔少し習った、謡をやってみたい」ということで先生を探し、発声も教えている私のところにいらしたのです。最初は大きい声を出そうとして顔が前に出てきて、息がまるで続きません。私は「大きい声は出さないように」「顔を前に出さずに頭を身体に乗せるように」「自分の体の中に向かって話すように」ということを伝えました。また、家での稽古は長い時間は持たないかと思いましたが「できるだけでいいので、何度も繰り返し言葉を素読みする」まずはそれだけをお願いしました。二回目にはだいぶ頭の動きが減り、息が少し続くようになりました。「読むのを急がないように」「大きな声を出さないように」また繰り返し言いました。しばらくは謡にはならなくても、謡の構えに少しでも近づくことによって日常も変わってきそうだ、と感じられました。そして三回目にいらしたときに、驚くべきことが起こりました。

前回のお稽古と同じように、構えを作って読む稽古を何度も繰り返し、ずいぶんスムーズに発音できるようになられました。お帰り間際に足下が危ないので、お迎えがみえるまでのあいだの何気なく立った姿勢のときも、謡と同じような姿勢をとることを薦めてみたのです。畳の線で直線が分かるところに立っていただき、頭をしっかり身体の上に乗せるようにし、目線が真っ直ぐになるような目標を見てもらい、一足ずつ重心を確認しつつ歩くように指導したのですが「サッサッサッ」と歩かれるではありませんか。先週まで杖でやっと歩いていた方が、その日もいろいろなところを手で支えにして歩いていらした方が、です。転ばれたら大変なので慌てて傍に行きましたが、ご本人もびっくりしていらっしゃいました。

ひとりで歩く稽古をしようとして転んで怪我でもなさったら大変ですので、ご本人にも、ご自分のお部屋やご家族のいらっしゃるところで稽古なさるよう申し上げ、ご家族にもあとでお電話してその由を申し上げました。

「今日は帰ってきて、とても喜んでおりました」

ということでしたが、嬉しかったと同時に、「やり過ぎたのでは」と冷や汗をかいてしまいました。その後も回を重ねるごとに姿勢が良くなり、息も続くようになり、謡の稽古が始められるくらいまでになられました。そのうちにリハビリではなく、普通に謡の稽古を楽しんで頂けるようになるのではないかと楽しみにしています。

この方は、倒れられる前はしっかりした体の軸を持ってお仕事をなさっていた方ではないかと思います。頭を定位置に戻したために、体が昔の状態を少し思い出したのではないでしょうか。リハビリとは、ただ「歩けるようにする」「言葉を話せるようにする」ということだけでなく、「その人の元気だった頃の活動や様子を知ったうえで、機能の回復をお手伝いする」ということが大事なのかな、と考えさせられました。また、私がお教えするのと同時に「謡や仕舞が、リハビリのためにもなる」ということを教えていただき、ありがたいことだと思いました。

この出来事のおかげで、

「謡や仕舞を稽古しない方たちにも、その効能を知っていただきたい」

という思いが湧いてきて、お弟子さん対象ということだけでなく、広く『能エクササイズ』を始めてみようと思い立つきっかけとなりました。

リハビリで思い出したのが、八十七歳で亡くなった母のことです。母は亡くなるその七、八年前に、股関節に人工骨を入れる手術をしました。リハビリをする段階になると、母は先生の指導なさる動作の回数を倍の量に増やしてやってしまうらしく、先生はどうしてなのか聞かれたそうです。すると

「普通の年寄りは〝杖をついて歩けるようになれば良し〟なんでしょうが、私は謡の会で舞台に上がるから、杖なしで歩けて、そのうえ正座ができるようになりたい」

と答えたとか。母は、その願いのとおり杖なしで歩けるようになり、謡の会でも亡くなる翌月の会の番組にまで名前を連ねていました。「何かをやりたい」という気力は、リハビリを指導してくださっている方が考える目標を上回ることがあるのだと思いました。その頃の私が『能エクササイズ』をしていたらきっと役

に立てたと思うのですが、当時の私は子育ての真っ最中だったので、摺り足をリハビリに使うなど思いもよりませんでした。でも、仕舞や謡を長年稽古していた母は、〝気力〟以外に〝治る体力〟も持ち合わせていたのだろうなと、いまあらためて思います。

考えてみると、本当に腹の据わった日本の母だったと思います。私は母の亡くなる前の日はちょうど帰省していて、一緒に能を観に行き、その後、姉や私の友人と一緒にレストランで夕食を済ませ、私は東京に帰るため別れて、友人が母を家まで送ってくれました。空港から電話をしたら「あなたも忙しい身体だから、無理をしないようにね」と私の身体を案じてくれました。その翌日、仕事の途中で兄から電話が入り、母が亡くなったことを知らされました。信じられない思いですぐに羽田に向かい、また実家に戻りました。集まった兄弟に聞くと、なんと前の晩に全員に電話をし、楽しい日を過ごしたことを報告し、それぞれの家族のことを聞いて喜んでいたのだそうです。いちばん近くで暮らしている兄は、一人暮らしの母を心配して毎朝八時に電話をするようにしており、母はそれを必ず電話機の傍で待ち、すぐに出ていたというのに、その日は出ないので胸騒ぎを感じて駆けつけると、ベッドの中で手を組んで亡くなっていたそうです。もしかしたら、自分の最期を感じての昨晩の電話だったのでしょうか。母の身体の変調に気づかなかった自分を責めもしましたが、食欲もあり、他の誰も気がつかなかったことを考えると「仕方のないことだったのだ」と自分を慰めました。母の最期の晩餐は〝子牛のカツレツ〟でした。「家では、揚げ物ができないからね」と、注文をしたときの声を思い出します。そして通夜の時には、冷蔵庫の中にあった、私に食べさせるために作ってくれたぜんざいを皆でいただきました。「亡くなった後まで皆に食べさせるのも、お母様らしいね」と話しながら…。

母は、人生の最後の最後まで周りの人のことを考え、自分のことは後回しでした。私はとても母のようにはいかないのですが、せめて「今を大事に」「感謝を忘れずに」と母がいつも言っていた教えを守って、真っ直ぐ生きていきたいと思います。リハビリをしていたときの母の姿も、いま私がやろうとしていることを、後押ししてくれている、本当にそう感じます。

第五章　人間力を取り戻そう

◇日本の心を守ろう◇

このごろ、日本を訪れる外国人が観光で行きたい場所が多様化してきたと言われています。〝有名な観光地だから〟という理由ではなく、口コミやインターネットを通じて、自分たちの興味で行き先を決める人が増えているようです。世界自然遺産に指定されていたりする有名な景色でなくても〝昔はどこにでもあったのに、現在では稀少になった里山〟そういうところを訪ねてみえる方もあるそうです。

私の実家のある福岡県うきは市の山里もその一つなのですが、私の子供の頃からの風景がほぼそのまま残っています（写真）。家屋敷も行事も辛うじて昔の形を留《とど》めています。ある大学の民俗学の研究対象にもなったそうですが、それらを、自分たちの便利な生活を犠牲にするかたちで、兄や甥が周りの風景とともに守っています。けれども何年ごとかに、その原風景の真ん中に大きな道路を通す話が持ち上がるのです。そこに暮らす人の中には「便利に越したことはない」という人たちも多いのですが、私の甥は「この風景こそがこの地域の最大の魅力だし、『一度壊したらもう元には戻せない』ということに地元の人たちに気づいてほしい、なんとか分かってほしい」と孤軍奮闘しています。

そんな中、海外からこの原風景に魅せられて訪ねていらしたあるドイツ人のデザイナーの方が、世界的に発行されているお茶の本に、私の実家や風景の写真と記事を載せてくださったのです。実家に戻った甥は、二百年前から栽培されてはいたものの荒れ果てかけていた茶園を立て直し、昔からの深い味わいを持ちなが

【初夏】田植えの後の楠森堂裏門の竹壁
この竹壁は300年来続く「壁結い」という行事で毎年３月初めに結い直される

【秋】稲刈りを終えた楠森堂

ら現在では稀少となっている在来茶を世に出し、生産販売しつつも悪戦苦闘していました。そのデザイナーの方は本が出版される三年ほど前からこの地を訪れていらして、在来茶の味と、屋敷を含むこの地域の里山の風景をとても気に入ってくださったのだそうです。その出来事は、苦悩する甥にとって一筋の光となりました。自分の仕事だけでなく、この地域の風景を守る活動にいっそう力を入れて頑張るようになりました。

これは私の身近で起こった一例ですが、至るところで同じような問題が起こっており、次々と日本の原風景が失われているというのが現実ではないでしょうか。住んでいる人たちはやはり便利さを求めます。でも、日本人の原風景、心の故郷を守ってほしい。そのためには、住んでいる人だけに我慢や犠牲、負担などを求めずに、それを守るという方向に行政の考え方を変えないと難しいことなのかもしれません。

何だか、ここにも「日本人の体が弱まり、心という芯がなくなってきている」ということがあるのではないかと思うようになりました。昔から日本は、大陸から入ってくる文化を受け入れつつも、日本流に熟成させて独自の文化を創ってきました。「新しいものを受け入れて、自分のものにする」その力が失われ、外国から入ってきたものや文明の進化の速度に追いつけず、流されてしまっているところがないでしょうか。〝日本の構えとしての正座〟も〝西洋の良い姿勢〟もどちらもできない人が増えていることと同じで、中途半端な先進国になっているのではないでしょうか。かえって、日本を訪れる一部の外国の人たちのほうが日本文化の内面の美しさに気づいて情報を発信してくれて、それによって私たち日本人が〝日本の良さ〟を再認識させてもらうことが多くなってきました。日本人が、自分たちでその良さを壊してよいものでしょうか。里山などの風景は建造物を再建するようなわけにはいかないのです。一度壊したら二度と見ることはできなくなるのです。

また近年では自然災害が増えていますが、異常気象だけが原因ではないと思います。人間の都合で自然を変え続けてきたツケが来ているような気もします。これ以上、生活の便利さなどの人間の都合で自然を壊してよいはずがありません。心ある日本人なら分かるはずです。〝日本の良さ〟を壊していく現代意識の方向性を変える。日本の原風景を守る。それを守る人たちの不便を理解し感謝する。行政は全体としての大きな日本文化を支え、私たちはそれを支えよう。そうなったらどんなにいいでしょう。

海外の心ある人たちが日本に見出している価値観は、日本文化の表面ではなく日本の心に向いていると思います。そういう人たちがたくさん日本を訪ねてくださることが、この国の本当の地力になるのではないでしょうか。

私の「声の道場」での活動は〝日本の声〟から始まりましたが、〝日本の体〟

を取り戻し、〝日本の心〟を守り、「本当に大切なものが何なのか、見極められる」そんな日本人が少しでも増えることを願っています。

◇衰えてきている人間力◇

あるとき師匠が、ポツリと言われました。

「みんな、僕の真似をしてくれるのはいいんだけど、結果だけを真似るんだよね。本当は過程を見てほしいんだけど」

他の人が、師匠と同じ型をしても、同じ節遣いをしても、「何だか違う」「気持ちが伝わってこない」ということはよく感じていました。これは師匠が「基本を大事にしつつ、自分でいろいろと考え体を使って作り上げた型であり、謡である」のに対し、真似する方は「格好が良い表面だけを見てやっている」だけなので中身がないということでしょうか。まずは基本の型（謡）を身に付け、そのうえで師匠の型（謡）がどのようにして成ったのか、何度も真似をし、自分に合うのか考えてやってみる。その結果、師匠と少し違うものになったとしても、自分のものになって良いのかも知れないな、と考えさせられました。

これは芸の修行の受け取る側の問題だったのですが、このごろの日本文化を広めるためのやり方にも、同じようなことが言えると思います。このごろ「分かりやすく広める」ということばかりに気が行き、表面を伝えるばかりになっているような気がします。〝誰にでも分かりやすく〟というのでは結局、〝本当の良さ〟は伝わらないのではないかと思うのです。ものごとの表面をなぞるだけで〝分かった気〟にさせるだけでいいのでしょうか。それでは師匠の芸の結果だけを弟子が真似するのと同じように、受け取る側は〝表面を知る〟だけで終わってしまうと思います。そういうことを続けていては、伝える側の力も衰えていくのではないでしょうか。これまで先人が「どのように受け継ぎ、伝承してきたのか」に思いを馳せ、もっとその内面の〝日本の心〟を、相手に少しでも考えてもらえるように伝えてほしいと思います。

「与えられたことだけを受け取るだけで、自分で考えて対応する力が弱くなっている人が増えている」私はこのごろそのように感じていたのですが、ある日の新聞（『朝日新聞』二〇一九年七月七日付）でこういう記事を見つけました。

『ＩＴ教育、沸き上がるけれど』という見出しの中で、東大受験に合格できる力をＡＩに付けさせるプロジェクトを主導していらした情報学の教授が、「最先端のＩＴ教育よりも前に、することがあるはずだ」と、そのプロジェクトから降りられたというのです。中高生にテストを解かせて人間の読解力を分析しようとしたところ、多くの生徒が文章の内容を正確に理解していないことに気づかれたのだそうです。その後教授は、子供たちが文章や図表の意味をどれだけ早く正確に理解できるかを診断する「リーディングスキルテスト（ＲＳＴ）」を作り、教師たちと一緒に授業のあり方を考える活動を始められました。ある区内の中学生がＲＳＴを試験的に受けたところ、四つの選択肢から答えを選ぶ正答率は三割だったとのこと。〝読解力がなくなった原因〟について教授は「親切心で先生たちが穴埋め式のプリントを作ると、子供たちはキーワード以外の部分を読み飛ばすようになる」と考えていらっしゃるようです。「ＡＩができることは、人間もまあまあできる。ＡＩができないところほど、人間もできない。このままだと、人間読み解く力がない子供たちは労働市場から追い出される」と懸念されたのです。

ここにも「受け身の教育」「結果だけの正解が一人歩きする」その弊害が表れているのではないでしょうか。読解力ももちろんですが、想像力や五感などの人間が本来持っている力が衰えてきていることは間違いないと思います。このように教育に携わる方たちが、子供を置き去りにしたＩＴ教育偏重に懸念を持つようになっていらっしゃることにもっと周りは関心を持ち、子供たちを小さい頃から導いてあげるべきだと思います。確かに、いまの時代の暮らしはＩＴ抜きでは成り立たないでしょう。それでも、せめて〝人間力〟がいちばん育つ小・中学校の義務教育期間のあいだだけは、ＩＴ教育に偏らないようにしてほしい。ＡＩの及びもつかない〝想像力豊かな人間〟が多く育つことを心から願っています。

◇乗り越える力◇

昔は学芸会や運動会というと、たとえ勉強は苦手な子供でもそれぞれの力を存分に発揮できる場所でした。けれども最近は、前に計ったタイムによって徒競走の走る組が決まったり、劇の配役でも、主要な役を何人かで分けて台詞の数を同じくらいにしたり、というように「すべての子が平等に」という配慮が過ぎているような気がします。また、演目や競技も「今年のこれはすごいね！」と思うことが少なくなってきて、ほぼ決まったものをやっているような感じがあります。

そんな中、私の孫が小学校高学年のときの学芸会で、とても手作り感のある、見応えのある劇が観られました。ダンス経験がある私の娘が、先生からある部分の振り付けを頼まれたことで、そのときの様子を知ることになったのですが、台本は、ある有名なミュージカルをもとに先生が作られ、練習もなかなか厳しかったようです。けれども、できあがったものを観て本当に素晴らしいと思いました。先生の「一つのものを作り上げよう」という思いが子供に伝わったのだと思います。きっと子供たちの心に残る思い出になったことでしょう。それでも主要な役は、場面により何人かで分担されていました。「皆が活躍できるように」という配慮は、いまの時代欠かせないのかも知れません。それにしても、「難しいことに挑戦し、悩んだり傷ついたりしながら、それを乗り越える」という喜びを、子供の頃に経験させてあげることはとても大事なことだと思います。

私の娘が小学校の頃、台所で一緒に料理をすることがありました。下ごしらえで野菜の皮を包丁で剥くのですが、

「ママ、ピーラーないの？」

と娘に聞かれました。安全に早く皮が剥けるので、その頃からよそのお家ではよく使われていて、どこかで見かけたのでしょう。私は、

「なるべく手先を使う方がいいのよ。日本人は折り紙や包装などが上手で器用だと言われてるけど、楽をすると不器用になるから、なるべく家では使わないの。包丁を上手に使えるようになろうね」

と返事しました。それから二十数年後、私が腱鞘炎で包丁が持てない時期があり、ついにピーラーを使うようになりました。遊びに来ていた娘がそれを見て、

「ママ、ピーラー使ってる！　子供の頃ママの言うことを聞いてからずっと

使ってなかったのに」

大笑いしました。

「もう使ってもいいよ。小さいときから楽をして、あなたが包丁を上手く使えなくなると良くないと思って、家では使わなかったの」

昔は鉛筆も自分で削っていましたが、鉛筆削りができてからはほとんど自分で削ることはなくなりました。便利で安全な物ができるのはありがたいことですが、〝危ない〟という観点からいろいろな物が日常から排除されていったのは良かったことと言えるのでしょうか。怪我したり失敗したりして自分の体で覚えていく体験は必要なことだと思うのです。

「木登りをさせない」「公園の遊具で事故が起こると、それを撤去する」「運動会の組み体操で子供が怪我をすると、その演目をなくす」などなど、いよいよ子供の時分から〝危険を乗り越える力〟は弱くなっていく。危ければどのようにしたらよいのかを大人やお兄さんお姉さんに教わり、失敗しながら体で覚えていった頃の子供に比べれば、ひ弱になるのは当たり前のことです。工夫したり、失敗したり、我慢したり…、そういう体験が足りていない子供が増えることは、人間力のない大人が増える原因になっていないでしょうか。

また、何をするにも人任せで、自分から考えたり行動したりしない人が多くなったと聞きます。その一方で、自分の主張ばかりして相手の立場を思い遣れない人が増えているのも事実です。保育園や幼稚園、学校で子供が怪我をするとすぐに責任問題になります。〝安全に〟〝怪我をしないように〟と気を配らなければならないうえに、このごろではイジメの問題もあり、先生方も思い切った指導ができなくなっています。「何かが起こると、まず相手の責任を問う」「自分の権利を主張することはあっても、自分のすべき義務は考えない」こういう大人が増えています。それを助長するかのようなマスコミの姿勢についても「これでいいのだろうか」と思うことがあります。

「あなたの国があなたのために何ができるかを問わないでほしい。あなたがあなたの国のために何ができるかを問うてほしい」

一九六一年にジョン・F・ケネディが、第三十五代アメリカ合衆国大統領に就任した際の演説の中の有名なフレーズです。

これは「国をどうしていくか」という大きな問題ですが、私たちの周りのことに置き換えても同じだと思います。

「自分がしてもらうことばかり主張せず、自分が周りのために何ができるかを考えよう」

人にはそれぞれの価値観があって、それぞれの立場がある。お互いが自分の主張ばかりしていたら何も進みません。「お互いに相手を思い遣る」「何かしてあげられることはないか」「してもらったら感謝する」そういうことが大事だと思うのですが、一歩身を引くことを〝負けた〟と捉えてしまうのか、このごろは自分本位の考え方が蔓延《まんえん》していろいろなところで諍《いさか》いが起こり、嫌な事件が多発しています。〝してもらうのが当たり前〟の甘え、これは〝感謝する心〟の欠如に繋がり、〝してもらえないことへの不満〟を言い立てることになります。自分が不幸なのは「世の中が悪いから」「政治が悪いから」と、すべてを周りのせいにする。心の持ち方を変えるだけで景色が変わることもあると思うのですが、これも〝人間力の衰え〟の一例と言えるのではないでしょうか。

「面白きことも無き世を面白く　住みなすものは心なりけり」

幕末の長州藩士、高杉晋作の辞世の句（下の句は後で付けたとも言われています）です。私はこの歌が好きで、娘たちが高校生の頃は壁に貼っていました。「心の持ちようで、楽しくもつまらなくもなる」と伝えたかったのです。私も子供の頃に父から同じような話を聞かされました。白隠禅師という有名な江戸中期の禅僧の逸話です。

一人の侍が白隠禅師の元を訪れ、教えを乞いました。
「地獄と極楽とは本当にあるのでしょうか？」
禅師は後ろを向いたまま経を唱えています。
しばらく待ちますが答えてくれません。
何度か問いますが一向に振り向いてくれません。
とうとう腹に据えかね「愚弄するのか」と刀に手を掛けました。

禅師はおもむろに「ほれ、それが地獄じゃ」と。
己を恥じた侍は「申し訳ございませんでした」とひれ伏しました。
すると禅師は「そら、それが極楽」と言ったとか。

ほぼこういう話だったと思うのですが、父は「すべては心の持ちようだよ」ということを、私に教えてくれたのだと思います。

◇バランスの大切さ◇

私は、「声の道場」という場で、「伝わる声には息が、深い息には姿勢が大事、軸を持った体を作ろう！」と提唱してきました。「心技体」といわれる言葉を、〝まずは体から作る〟ということで「体技心」と言い換えて、「姿勢を正し【体】、息遣いなどの訓練【技】をすれば、誰しもが持っている【心】を表現できる」と教えてきました。実際に、演技や朗読、語り、謡、歌など、〝声で表現するもの〟に関して言えば、そのことは間違いなかったと思っています。

ただし日常においては、それだけでは済まない部分もあります。姿勢が良いことは健康の秘訣であり、もちろん大事なことです。けれども、人間としてわきまえなくてはならない善悪の判断や思い遣りの心が育っていなければ、「仏造って魂入れず」になってしまいます。いえいえ、造られた仏は動いたり話したりしないので害にはなりませんから、もっと始末が悪いですね。〝中身のない心〟で体が強く説得力のある声を持っているだけの人間は、自分の利益のためにそれを使い、周りに迷惑をかけることになります。〝人間本来の心〟がなければ、どんなに健康な体であっても宝の持ち腐れです。そういう人が増えると、大きな声で自分の主張ばかりを言い立てる、殺伐とした世の中になってしまいそうです。そういう人が増えないように、子供の頃の育て方をもっと重要視しなくてはいけないと思います。

逆に〝姿勢の悪い人〟の中には、「声の道場」にいらした「声が出ない」という方がほぼそうであったように、〝とても優しく、思いやりのある心〟を持つ方が多いように感じます。とても優しい声なのに「自分の声が相手に届かず、意思が伝わりにくい」という悩みでみえるのです。こういう方こそ姿勢を直して、いままで伝えられなかったことを〝心に響く声〟で語れるようになっていただき、周りに良い影響を広げていってほしいと思います。

「声に意識を持って、自分で改善しよう」という方はまだいいのですが、〝人間本来の心〟を持っている自分の素晴らしさを知らないままに内にこもり、強い主張に押しつぶされている人もたくさんいるのではないかと推察されます。とてももったいないことです。そういう人たちが姿勢を良くして元気になってくださったら、世の中が変わってくるかも知れません。〝心ある、響きのある言葉〟が多く聞かれるようになることでしょう。

〝体と心のバランス〟これが上手にとれたら、声に悩む人も少なくなるでしょう。バランスをとることはいろいろなことに有効です。

「文武両道」は、〝勉強と運動、どちらもできる〟という意味でよく使われていますが、私はその言葉は、人によってバランスを変えたものであってもよいと思っています。〝勉強が好きな子〟は勉強中心でよいけれど、頭を使うことばかりに偏れば姿勢が悪くなり、健康に良くありません。そこで、体を動かすことを日常に取り入れることで、かえって効率の良い勉強ができるようになり、いろいろな視野も広がることでしょう。その逆に〝運動が好きな子〟については、たとえ体だけ強くなったとしても、ある程度は頭を使うことをしなければ、大人になったときに専門的な分野で活躍していくのが難しいと思います。何も、学校での勉強だけが勉強ではありません。自分が興味をもついろいろなことを考えて学ぶことで、運動で鍛えた体が役に立つことでしょう。

大リーグに行ったプロ野球選手の大谷翔平選手が高校生のときに、自分の目標を決めて用紙の中心に書き「そのためには何が必要か」を周りに書いた「目標達成シート（図）」が話題になりました。細かく書き入れられた項目の中に、野球選手としての具体的な目標の他にも「感謝」「礼儀」「思いやり」など、人間として大事なことが数多く書かれているのを見て、高校生時代の大谷選手をそのように導かれた指導者の方、また、子供の頃から好きな野球をさせてあげながら〝人間力〟をも育ててこられたご両親を素晴らしいと思いました。彼は〝体と心のバランス〟がとても良いと思いますし、長く活躍しているスポーツ選手、舞台人、芸術家などは、それぞれの立場でそれぞれの良いバランスがとれているものなのでしょう。子供の頃の〝親のバランスの良い対応〟そして〝良い指導者に出会う

心のケア	サプリメントをのむ	FSQ 90kg	インステップ改善	体幹強化	軸をぶらさない	角度をつける	[illegible]	[illegible]
柔軟性	体づくり	RSQ 130kg	リリースポイントの安定	コントロール	不安をなくす	力まない	キレ	下半身主導
スタミナ	可動域	食事 夜7杯 朝3杯	下肢の強化	体を開かない	メンタルコントロールをする	ボールを前でリリース	回転数アップ	可動域
はっきりとした目標、目的をもつ	一喜一憂しない	頭は冷静に心は熱く	体づくり	コントロール	キレ	軸でまわる	下肢の強化	体重増加
ピンチに強い	メンタル	雰囲気に流されない	メンタル	ドラ1 8球団	スピード 160km/h	体幹強化	スピード 160km/h	肩周りの強化
波をつくらない	勝利への執念	仲間を思いやる心	人間性	運	変化球	可動域	ライナーキャッチボール	ピッチングを増やす
感性	愛される人間	計画性	あいさつ	ゴミ拾い	部屋そうじ	カウントボールを増やす	フォーク完成	スライダーのキレ
思いやり	人間性	感謝	道具を大切に使う	運	審判さんへの態度	遅く落差のあるカーブ	変化球	左打者への決め球
礼儀	信頼される人間	継続力	プラス思考	応援される人間になる	本を読む	ストレートと同じフォームで投げる	ストライクからボールに投げるコントロール	奥行きをイメージ

高校時代の大谷翔平選手が「目標達成シート」に書き込んだ項目
野球以外にも、人間として大事なことが数多く書かれている

こと〟は、人間力のある大人が育つ良い例だと思います。

〝仕事と、休暇や趣味のバランス〟〝家族と自分のバランス〟。どんなに小さなことでも、バランスを考えると上手くいく場合がありそうです。個人的には姿勢を正す、軸を持つ、そうしようと思うこと、それ自体が体のバランスをとる第一歩になると思います。

一方、個人ではどうにもできないバランスもあります。

歴史の流れの中でみる〝人間と文明のバランス〟。これはもう、いまは崩れてしまっていると思います。人間と文明にとって、ちょうど良いバランスがとれていたのはいつ頃のことだったのでしょうか。人間が四足歩行から二足歩行になって、手を使うようになり道具を使うようになり、それとともに脳が発達して、徐々に文明が発達してきました。その昔は変化のスピードもずっと緩やかだったと思うのですが、十八世紀後半の産業革命以降は文明が急速に発達しました。現代の私たちは、ここ数年での進化にすら追いつけないような目まぐるしさを感じています。人間が作って進めてきたこの流れの中に、〝それを必死で追いかけている人〟〝取り残されている人〟がたくさんいます。これは、異常なのではないでしょうか。〝前に進むしかなくなった人〟の心には余裕がなくなり、現在の自分の周りの問題が見えなくなってきている。〝取り残された人〟は、仕事がなくなったり引きこもる人もいる。人間の心のバランスを崩し続ける、この動きを止めることができないのであれば、別のところで、本来の人間を取り戻す取り組みをするより他ないのかも知れません。

〝自然と文明〟このバランスも大切だと思います。人間も自然の一部なのだから共存しなければいけないのに、このところ文明の進化のほうに偏りすぎていて、人間本位の考えで自然をないがしろにすることの弊害が出てきてはいないでしょうか。もう少し、身近な自然を大事にするほうへ重きを置いてほしいと願っています。「もうこれ以上、自然を破壊しないように』『子供の教育がＩＴ偏重になって、人間本来の力を失わせないように」心ある人が自分がいまいるそれぞれの立場で、声を上げなければならない時期なのかも知れません。「〝文明の進化〟は、もはや〝人間の退化〟を引き起こしている」私は、そう思うのです。

◇「適当」と「いい加減」◇

日本語には、同じ言葉なのに違う使われ方をしたり、昔と違う意味合いになっている言葉がいくつかあります。

『声の道場Ⅱ～ハイハイ・ハイィッのすすめ～』の第二章でも取り上げたのですが、「一息」という言葉の使い方として「もう一息！」と言うと「あと少しだから頑張れ」という意味になり、「一息入れましょう」と言うと「少し休みましょう」という意味になります。これらの使い方については、息の意味合いから〝息を詰め集中する〟〝息を緩めリラックスする〟と理解すれば納得できます。

しかし一方、どうしてこの言葉がこのように使われるようになったのか、不思議に思う使われ方をしている言葉があり、その中でもとくに「適当」と「いい加減」について考えてみました（本書の第三章でも少し触れていますが…）。この二つの言葉自体は同じような意味合いなのですが、面白いことに二つとも正反対の意味に使われるのです。

一般的に「それが適当ね」と言われた場合は〝ちょうどよい〟と賛同されたと思いますが、「適当にやっておいて」と言われると〝それほどたいしたことではないから、どうでもよい〟という意味に聞こえます。また「あの人は、あの仕事に適当」と言われた場合は〝認められている〟という意味になるのに、「あの人は、適当な人ね」と言われると、〝否定されている〟ように感じます。

「いい加減」も同じです。「ちょうどいい加減ね」と言う場合は〝バランスがとれた良い状態〟を表すのに、「あの人いい加減だね」と言うと、〝だらしない〟〝きちんとしてない〟と否定的に聞こえます。

文字面からすると元々は褒め言葉だったと思うのですが、このごろはどちらも否定的な意味合いで使われることが多いように感じます。またこの二つは〝バランスに関する言葉〟だとも思うのですが、行き過ぎたりやり足らなかったり、いろいろと試行錯誤してちょうど良いところを見つける、そんな時には「いい加減」も「適当」も、絶対に良い意味で使われるはずです。忙《せわ》しない今の世の中、考えをめぐらすことにあまり時間を割かずに「真ん中辺でいいか」と決めてしまうと、結果として良いものができない。「黒白を早く決めなくてはいけない」「どれかに○をしなくてはいけない」というような風潮が、逆の意味を作り出してしまったのではないでしょうか。

本来ならば「いい加減な人」は「良い加減のできる人＝いろいろ試行錯誤してちょうど良い行動ができる人」であるのに、「良い加減ができない人＝何の考えもなしに行動する人」として使われ、それと同様に、「適当な人」は「それをするのに適当な人＝いろいろな状況も考えていちばん合うと思われる人」の意味のはずなのに、「適当が分からない人＝何も考えずに答えを出す人」の意味に使われるようになってしまった。子供を叱る時に、「適当に決めなさい！」「いい加減にしなさい！」と言うときがあります。本来は「早く適当なところを決めなさい」「そろそろ良い加減なところを分かりなさい」ということだと思います。もしかしたら、急がせて叱る時に使うことが「適当」と「いい加減」の意味合いを悪くしたのかもしれません。言葉を短かくする風潮の影響もあるかもしれませんが、言葉の元の意味がなくなってしまうのは寂しいことだし、〝結果を急ぎ過ぎること〟と繋がっているのかなとも思います。

物事がちゃんと良いところに落ち着くためには、多少の〝やり過ぎ・やり直し〟は必要です。ブレを収めているうちに、自然と〝ここしかない〟ところに落ち着く。それが「いい加減」であり「適当」なのではないでしょうか。

本当の職人さんたちの仕事は、まさにこういう仕事の仕方なのだと思います。〝加減しながら、時間をかける〟ことで、素晴らしいものができていくのだと思います。また、人間の体でしか表現できない武道や能や舞踊、その他いろいろな稽古もそうでなければなりません。「ああでもない、こうでもない」と実践しながら、〝自分の軸〟を見つけるために、絶えず努力する必要があります。〝良い加減をしながら、適当を見つけるための稽古〟をしているのですが、「いい加減な稽古」「適当にやってる」という使われ方をされないようにしたいものです。

私の名前「庸子」の「庸」の字は、父が孔子の『論語』の「中庸は徳の至れるものなり」からとったと聞いています。

「何ごとをするにも、やり過ぎてはいけない。そうかといって遠慮しすぎるのも良くない。ほどほどに行動するということが、最高の人徳というものである」ということだそうです。この言葉だけでは〝ことなかれ主義〟〝どっちつかず〟の意味にも受けとれてしまいますが、前後の内容から詳しい注釈を読んでみると、「不足でもなく、余分のところもなく、ちょうど適当にバランスよく行動できるということは、人徳としては最高のものです。しかし、そのような人を見ることは少なくなりました」

と嘆き、「バランスよくやろうとしても上手くいかないのなら、いっそのことやり過ぎてみよう。中道・中流のことなかれ主義で人生を過ごすより、失敗しても何か目標を持って進むほうがよい」とも薦めているそうです。

このように「中庸」は〝ことなかれ主義〟ではなく、また行動について〝つねに内輪でよい〟ということではないことが分かります。しかし、「やり過ぎない

ために は、自制する〝強い意志〟と不正に対する〝毅然とした態度〟が必要だ」とも書いてあるとのことです。これは「人それぞれ自分の目標に向かって実践し、よく考えて加減して、自分の適当を探すように」ということではないでしょうか。人それぞれにブレの収まるところが違う。「みんな違って、みんな良い」のです。本当の意味での「適当」「いい加減」を良しとする心の余裕が、今の時代失われている。二つの言葉から、そんなことを思うのでした。

◇最後に◇

「声」から「体」そして「心」と繋がり、自分のいまの思いを自由に述べてしまいました。私の娘や孫が生きていくこれから先の時代が、いまより少しでも良い世の中になってほしい。そのためには何が必要か、と考えるうちに、思いが広がってしまったのです。

「三つ子の魂百まで」とはよく言われますが、お父さんお母さんは、もう二度と戻らないその時期に、子供に精いっぱいの愛情を注ぎ、優しい声でたくさん話しかけてあげましょう。いけないことははっきりと教えてあげましょう。絵本をいっぱい読んで疑似体験をさせてあげ、想像力を育ててあげてほしい。できるだけ外で自然の中で遊ばせてほしい。いまの時代の子育ては、私たちのときよりもずっと大変かも知れませんが、本当にこの時期を大事にしてほしいと思います。周りの人も、若いお母さんたちに温かい目を向けてあげましょう。困っているときには、できることを手伝ってあげましょう。

この時代、子供の教育に関わっていらっしゃる幼稚園や保育園、小学校の先生方はとても大変だと思いますが、世の中のどんなお仕事よりも大事な、〝未来を創る〟お仕事だと思って取り組んでいただきたいです。周りは感謝の思いを持って協力しましょう。

たくさんの子が、困ったときや辛いことがあったときに、それを乗り越えられますように。また、文明の進化やＡＩの進歩に負けない「体にも心にも、芯のある大人」に育ちますように。祈るのみです。

そして最後に、この本を読んでくださる方は、おそらくある程度の年齢の方が多いと思うのですが、私を含めてそういう方たちにもできることがあります。それは、自分の生きていく後ろ姿を周りに見せることです。姿勢が悪いと思う方は姿勢を正し、〝心に響く声〟で若い人や子供に語りかけましょう。「何が大事で、何がいけないのか」お説教をするのではなく、身をもって示しましょう。それは、自分の生きざまにもなると思います。

「声の道場」はこれからも、体にも心にも軸を持った〝心に響く声〟の持ち主を増やして、その発信地であり続けたいと思っています。

第六章　共に考える

日本の機能的身体と文化的身体について

中村尚人

運動機能の専門家である理学療法士として、また合気道や太極拳、さらにヨガやピラティスの実践を通して私が感じてきた機能的身体と文化的身体について、また能の身体技法に文化を含めた総合的な心身的運動療法としての可能性を感じる理由も含めて論じてみたい。

まずは、機能的身体について考えたい。機能は「働き」とも言い換えることができるもので、人をヒトとして生物学的に運動学的に捉える視点である。その中でヒトの身体特徴は、直立二足歩行であり、ホモ・サピエンスとして環境に適応し進化してきた結果である。直立とは重力方向に対して真っ向から拮抗する姿勢であり、木が真上に伸びるように、ヒトもまた重力に抵抗して伸びることを選択した。これにより喉頭が下がり言語機能が、腕を解放したことによって手の巧緻動作が可能になり、脳の発達とともに文字や道具の開発さらには文明の創造にまでつながった。歩行はロコモーションとしては四足動物に比べると最高と言えるほどに効率が良く、長距離の移動を可能にし、雑食化と相まって人類誕生のアフリカから全世界への移動と繁栄が可能になった。このように機能的身体としては、直立のための、①重力に抗する生理的彎曲を伴った真っ直ぐな脊柱、②脊柱の真上に位置する頭部、③伸びた股関節と膝関節などが重要である。さらに二足歩行するための、①腕を振る支点となる体幹の回旋、②土踏まずや母趾の正中化などの足部機能の発達、③蹴りのための股関節伸展可動域などが重要となる。理学療法士が提供するサービスは、これらの機能的な身体を取り戻すための運動療法などであり、医学的にも身体とは機能的に捉えられるものである。

次に、文化的身体を考えてみたい。日本の文化といっても時代によりかなりの変遷がある。ここでは時代として文化的に安定し、現在まで概ね本筋が継承されているという意味で、室町から江戸時代を中心として考える。日本は諸外国と比べて特異的な文化を多く持っている。椅子ではなく坐すること、皿ではなくお椀を中心とすること、服は着物であり、神道という多神教と思想としての仏教の両方を持つことなどである。これらが身体にどのように影響を与えているのであろうか。

坐骨から頭頂までの伸びた感覚は坐法で強く感じる。お碗を使用することは、真っ直ぐに伸びた姿勢を崩さずに食べることを可能にする。これらは姿勢として真っ直ぐを重視し、かつ生活の中で保持しやすくなっていると考えられる。真っ直ぐ伸びた姿勢は身分をも示していたように思う。農民で真っ直ぐな姿勢をとって食事している印象はない。農民は米作が多く、腰が曲がった後傾姿勢が基本であったろう。武士や朝廷、僧侶など身分の高い人の真っ直ぐな姿勢は機能的身体とも相入れる部分であり、それが理想的な姿勢として規範の意味で重要視されていったのではないか。腰痛などが不良姿勢からくる事を考えれば、このような理想的な習慣はとても大切な部分である。

これらに比べて着物はなんとも特別である。着物は着崩れを嫌い、体幹の回旋を起こさないような所作が必要となる。飛脚などは別として、腕を大きく振って闊歩することはわざと着崩れさせるはみ出し者以外にはなかったであろう。本来人間は腕を振り歩幅を確保するため、ある程度大股で歩く動物だが、これは文化に優位さを持たせ、身体を文化に合わせている。すると股関節の伸展や、足の蹴り、体幹の回旋は犠牲にされただろう。前傾し腰で押し進む摺り足や、捻らない体捌きは日本独特の身体技法と言えるのではないか。

思想の中でも仏教の輪廻転生や心身一如という概念などは身体をフィジカルなものから霊性という壮大な身体感に飛躍させている。神道でも穢れと浄めという概念は身体にも霊肉二元、浄、不浄という共通意識をもたらしている。姿勢が霊性の部分でも重要視され、修行をする僧侶などは背筋を真っ直ぐに伸ばした坐法での瞑想が良しとされる。その意味で、脊柱を伸ばしたまま自由にバランスをとって動ける下半身の重要性がより日本では増していったのだと考えられる。

東洋と西洋という文化比較も身体を考える時に示唆に富む視点を与えてくれる。西洋の文化では、上に重心が位置するものが高貴でポジティブであり、下に位置するもは下品でネガティブな印象が多い。身体的にはバレエのように、上に飛び跳ねるほど美しいとなる。これは直立姿勢を動物とヒトとの強烈な違いとして特別視する機能的身体へ価値観の付加と言える。這いつくばるような姿勢は爬虫類や四足動物の哺乳類のような野蛮な獣を想起させる。上下の価値観は日本にも神道などでは西洋と共通する部分はあるが、身体に関しては日本は逆で下には「地に足がつく」、「肚が座っている」など落ち着いているポジティブな捉え方で、上は「浮き足立つ」、「尻が軽い」などネガティブな印象がある。この価値観も、身体的には道教の上・中・下丹田が日本に導入されると下のみが強調され、いわゆる肚と同一化し「丹田」となったように、下方向への価値を重んじる日本らしい身体感として武道を始めとして定着している。日本には西洋のような人間第一主義よりも、より自然に寄り添った多様な価値観があるのだと思う。

このように、日本ではホモ・サピエンスという機能的身体から、より文化的な側面を優位にし、身体を文化的に昇華してきた特殊な身体感を持っていると言える。文化は精神性を含めて個人レベルでも価値観の根底をなし、それは世界観にも繋がっている。能の身体技法の特徴は、とても日本的である。それは日本の文化を代表するものであり、謡の内容もさることながら声のトーン、摺り足、間の存在、シテの状態によって所作が変化することなど、そこには日本の価値観が顕在化している。また大切なのはリアルであり、情報ではない。場があるからこそ体験できるわけで、空気を実際に伝わってくる振動、間の緊張感、演者のリアルな気配など、体験としての文化がそこにある。能の身体技法はまた、日本文化に寄り添った日本らしい文化的身体であり、その技法を体得または体験することは即ち日本文化を体現することになる。戦後、米国によって急激に西洋化し、服装はTシャツとズボンになり、聴く音楽は洋楽、見る映画はハリウッド、食べるものは洋食…、さらに西洋的なスポーツや運動が常識化している現在の日本において、能のような日本の文化を具体的に継承している文化財はとても重要であり、後世に残すべきものであると言える。インターネットによって国際的な壁は情報に関してほぼ取り除かれ、日本も今後より国際性が豊かになっていくだろう。だからこそ、日本の継承してきた文化を能の身体技法を通してこれからも継承していくことが望まれる。能を経験した誰もが、日本の文化を肌で感じ、より国際人としての基盤ができるだろう。山村氏の能を伝承する活動のみならず、より能を一般化して伝える様々な試みは、日本文化の紹介や若者への継承の意味でも、日本文化を体験するツールとしても、大変重要な役割を担っている。これからもこのような活動が広がりを見せ、多くの方に体験頂けることを切に願う。

【寄稿】中村尚人

理学療法士、予防運動アドバイザー、ヨガ・ピラティスインストラクター。予防医学を実現する会社　株式会社P3　代表取締役。
『ヨガの解剖学』BABジャパン（二〇一〇年）、『腹筋革命』飛鳥新社（二〇一九年）、『いちばんよくわかるピラティス・レッスン』学研プラス（二〇一九年）など、著書多数

謡の稽古から考える呼吸と現代社会

草柳千早

はじめに

科学技術の進歩により、私たちの生活はますます便利になっています。便利とは省力化と言い換えられます。省力化の背景にあるのは効率重視の考え方です。現代では、身体を使ってきた労働はスイッチやキーボードの操作等に置き換わり、また情報通信技術によって、いちいち身体ごと出向かなくても、買い物、振込、何でもでき、いつでも人と繋がれます。力も時間も節約できてより効率的です。社会は、人が身体を使わなくてよい方向にますます「進歩」しています。その良い面ばかりでなく問題を指摘する声も、現代多く耳にします。ここでは、謡の稽古という経験を通して実感し、考えることを簡単に書きたいと思います。

1．身体感覚が研ぎ澄まされる謡の稽古

身体をより使わない方向に社会全体が進歩するなか、謡の稽古は、身体感覚が研ぎ澄まされていく場です。恐らくその他の芸能、武術やスポーツ、料理等、身体を使って身につけていく芸や術にある程度共通することかもしれません。

最初に教えられたのは、姿勢と息です。一定の姿勢をとり保つことができなければ満足に息ができず謡えません。声は通常、出せる人なら誰でも出せると思われていますが、謡の声はそう簡単には得られません。声は「出す」のではなく「息に乗せる」と教わります。息は呼吸、これも誰にでもできることと思われていますが、簡単ではなく、普段の呼吸では謡えません。姿勢、息、その上に声。日常生活ではあまり意識することのないこれらに意識を向け、その型を、目の前の師をお手本に身体で覚え、文字通り体得していきます。

その上ではじめて謡が始まりますが、テキストである謡本に記された指示をい

くら読んでも、また能の舞台をいくら鑑賞したとしても、謡えるようにはなりません。師の謡を直接目の前で見て聞いて、それに続いて謡うことをひたすら繰り返していきます。「学ぶ」という言葉は「真似ぶ」に由来すると頷けます。

聴覚の起源は、水中という環境での圧力の振動に対する魚の皮膚感覚である、とフランスの哲学者デュフレンヌは『目と耳』という本の中で書いています。このことは、魚でなくても謡の稽古をしているとわかります。師の声は稽古場に満ち広がり、聞く者の皮膚・全身に押し寄せます。学び手は文字通り全身を耳にして、それを聞き感じとります。謡、姿勢、息、言葉、間、拍子、身振り手振り等々、師の身体から発せられるすべてが学びの対象であり手がかりです。全身の感覚を研ぎ澄ませてそれらを受け取り、その身体で謡っていきます。これは、例えば、インターネットで動画を見て練習するとか、必要な情報を検索して手に入れるといった学びとは次元の異なる、身体的な体験です。このような身体から身体への直接の教えと学びによって謡の稽古は成り立っている、と身を以て実感します。

2. 現代社会における身体、呼吸と姿勢

こうして謡の稽古を続けるにつれて、身体への意識・感覚が変わってくるのがわかります。日頃の生活で、自分の呼吸や姿勢への意識が希薄になっていることに気づきます。周りの人の呼吸や姿勢も気になります。

呼吸と姿勢は、何よりも生き物として、生きることの根幹です。それにもかかわらず、忙しい現代の生活で、私たちは自分の呼吸や姿勢にあまり意識を向けなくなっているようです。駅のホームや電車内でスマホに熱中するあまり、呼吸はおろか自分の身体丸ごと意識の外に置き去りかと思える人をよく見かけます。

スマホだけに限りません。現代の仕事や勉強には集中力や緊張の持続が求められます。何かに集中したり緊張したりしているとき、人は同時に息を詰めている

など呼吸のことを忘れがちです。「息抜き」の時間を適度にとり、身体を動かし姿勢を整え深呼吸でもするなら少しはよいかもしれませんが、休憩時間もスマホに集中するなら、身体は置き忘れのままで、一息ついたことにもならないでしょう。

実際、意識してみると、私たちの呼吸は不安定です。何かに夢中になっていて息を詰めたり、ごく浅い呼吸になっていたり、過呼吸になったり、何かと息苦しくなったりします。まさか、呼吸はちゃんとしているはず、と思うかもしれませんが、あらためて意識すると、意外にごく浅くなっていたり、ときには無呼吸にさえなっています。

呼吸が浅くて何か問題があるのだろうか、と疑問に思う人もいるかもしれません。多くの医療の専門家が、呼吸が浅いことによる身体への重大な影響を指摘しています。例えば、呼吸神経生理学の専門家、本間生夫は、浅く速い呼吸をしている人が近年目立っている（本間 p.39）として、換気効率の低下により空気が十分に入ってこないと、エネルギーが十分に生み出せなくなって代謝が落ち込む、各臓器の働きが低下する、疲れやすくなる、体を動かす力が落ちる、などを挙げ、また呼吸は自律神経と連動していることから、自律神経機能が乱れ、様々な体調不良や病気に見舞われるようになる、不安やイライラなどのマイナス感情を持ちやすくなる、とも指摘しています（本間 p.4）。こうしたことから同様に、「風邪は万病のもとといわれるように、浅い呼吸も万病のもとといえるのかもしれません」とも言われます（周東 p.39）。私自身、長時間のデスクワークで疲れ、鍼灸治療院に行って、酸欠になっている、呼吸ができていない、と言われることがあります。周りを見れば、息が浅く姿勢は歪み、何となく元気の足りなさそうな人はけっこういるように思います。解剖学者の三木成夫は、人の呼吸を考察し、「およそわれわれの「行動」なるものは、ほとんどが「呼吸」の犠牲の上に成立している」（『生命形態の自然誌』p.168）と述べています。

呼吸は生きる上で実際、死活問題級に重要であるにもかかわらず、どうしてこのようなことになってしまうのか、その背景には主に二重の事情があります。

第一に、生き物としての宿命です。右に挙げた三木成夫の『生命形態の自然誌』によれば、私たちの身体は植物器官（内臓系）と動物器官（体壁系）から成っているといわれます。前者は、食と性という「生の根源の営み」（同書 p.63）に携わり、後者は、その生の根源の営みを行うため、進化の過程で動物たちが獲得した「感覚・運動」に携わります（同書 p.65）。内臓系の筋肉は、心臓や腸のように私たちの意志に関係なく、休むことなく黙々と働き続けます。それに対して体壁系筋肉は、歩く、走る、何かに目を向ける、といったように、主に意識的なコントロールで働き、休息も必要です。

姿勢は、体壁系の筋肉により保たれます。では呼吸は、というと、同じく体壁系筋肉で行なっているといいます。呼吸は、心臓同様、止まれば命に関わるというのになぜ、休みなく働き続ける内臓系筋肉でなく、意志で動き休みを必要とするような体壁系筋肉の担当なのか。三木によれば、それは進化の成り行きです。私たちの遠い祖先は海中で暮らしていました。水中での呼吸は内臓筋で行なっていました。ところが脊椎動物として陸に上がるという生き方の大改革を行なったため、新しい呼吸体制が必要となり、それまで呼吸を担当していたえらを閉じ、周辺の体壁筋を利用して、横隔膜をはじめとする新たな仕組をつくらなければならなかったというのです。上陸以来3億年以上たっています。止まれば命に関わる呼吸を私たちは体壁筋に頼っています。三木は、体壁筋は「呼吸という植物過程を進めるには、本質的に不適格」（同書 p.164）であり、「陸上動物の呼吸は危ない橋を渡っています」（『海・呼吸・古代形象』p.44）と述べています。

　実際、私たちは緊張しているとき息が詰まって息苦しくなったり、驚いてはっとして息を止めたりと、外界のいろいろなことに影響されて呼吸が乱れてしまいます。そして、緊張が解けるとほっと息をつき、息を入れます。しかしまた何かで大変というときには息も絶え絶えになります。「息が詰まる」「息を詰める」「息を呑む」「息を潜める」「息を抜く」などの言葉は、決して単なる比喩的な表現ではありません。このおおもとには、生き物としての呼吸の不安定さがあります。

では、現代の私たちはこうして不安定になりがちな呼吸に常日頃から気を配る生活をしているかといえば、先にふれたように、そうでもありません。ここにもう一つの事情が重なってきます。簡潔に言えば、近現代の社会の「進歩」です。

近代の資本主義は、生産力と労働力のために人々の身体を規律訓練してきた、とフランスの哲学者フーコーは論じています。「身体の調教、身体の適性の増大、身体の力の強奪、身体の有用性と従順さとの並行的増強、効果的で経済的な管理システムへの身体の組み込み」(『性の歴史Ⅰ　知への意志』p.176)。一見言葉は硬いのですが、かみ砕いて言えば、誰でも身に覚えがあるのではないでしょうか。

授業中や勤務中は、すべき課題に集中し、他のことをしてはいけない、気をとられてもいけません。折に触れて、早くしなさい、もっとこうして、などと指示され、とりわけ仕事では効率が要求されます。また許される範囲を超えて活発に動いたり騒いだりすれば注意され制止され、従わなければ罰を受けたり悪評を得たりします。学校や家庭、職場等で期待され求められることによく従って効率的に成果を上げれば周りから評価されます。そうしたことがここで指摘されています。私たちの身体は、社会の求めに合うようにいわば規格化されていきます。

具体的には、家庭や学校、職場等あらゆるところで、私たちは躾やさまざまな訓練を受け、身体を管理されまたしっかり自己管理するように求められます。子どもが学校で最初に訓練されるのは、決まった時間中席について授業に集中し続けることです。決められた時間割にきっちり合わせて動くことも教えられます。こうした訓練の延長線上に、定時にきちんと出勤し勤務時間中仕事にしっかり集中する、家でもきちんと規則正しい生活を送る、という大人としての勤労、勤勉な生活があります。学校で教えられるのは、国語や算数といった教科内容だけでなく、先々、社会人として求められる能力を発揮して勤勉に働ける、そのような身体の規律訓練です。

もちろん、こうした身体の規律訓練、一定の規格化がなければ、現代社会はうまく、それこそ効率よくまわっていかないでしょう。だからこそ幼少時からの躾・規律訓練があるわけです。ですが、それによって他方では、いろいろなことが蔑ろにされ、犠牲になっているのも確かです。例えば、規格に合わない、合わせられない身体の持ち主は、期待に沿わない、役に立たない、問題がある、足手まとい、などとして、要は生産力や労働力に充分に寄与しえないということで、いろいろな場から排除されたり、冷遇されたりしています。それはそういう人がだめなのだ、という問題ではありません。人間、生き物である以上、さまざまな個性があり、また誰もが歳をとったり、怪我をしたり病気になったり、あるいはそのような人とともにいたり、と、いろいろなことがあります。規格に合わないことも、たとえ合わせたいと思っても合わせられなくなる、ということも多々あるでしょう。人間の身体は傷つきやすく、そして変化していくものです。日頃のふるまいに関しても、早く、効率よく、と追い立てられ、時には自分から周りの人や子どもたちを追い立てています。一人一人異なる身体のさまざまな個性、変化していくその時々の状態、そしていかにしっかり呼吸するか、などといったことは、そんな忙しない生活の中で、あまり顧みられずにいるのではないでしょうか。

現代の生活ではこうした傾向はますます強まっているように思えます。冒頭で触れたように、効率重視で省力化がますます進み、身体をあまり動かさなくてよい、むしろ身体を忘れて頭で何かに集中し続けることが求められ、それに応えられるようにと私たちは訓練されてきました。こうした社会全体の流れの中で日々暮らし、それに適応しようと頑張るほど、私たちは、自分の身体よりも外のさまざまな事柄や情報に意識を向け、対処に一生懸命になり、忙しくなり、自分の息苦しさにさえ気づけなくなっているのではないでしょうか。

生き物としての宿命を変えることはできません。効率重視の社会に百パーセント背を向けて生きることもできません。そうしたいと思う人も恐らくあまりいないでしょう。ならば、この二重の条件の下で、「危ない橋を渡っている」呼吸と身体を守り労わり、やっていかなければなりません。

3. 自分の身体でよりよく生きるために

生きる上で大切な呼吸が不安定になりがちという弱点を抱えながら、そのことをさして顧みることもなく、むしろそんなことはお構いなしに「進歩」してきた社会のなかで、現代の私たちは暮らしています。では、呼吸の大切さがこれまでまったく顧みられてこなかったか、といえば、そんなことはありません。

「呼吸は人の生気也。」「呼吸の仕方　千金方に、常に鼻より精気を引入れ、口より濁気を吐出す。入るる事多く出す事すくなくす。出す時は口をほそくひらきて少吐くべし。」「ゆるやかに呼吸せよ　常の呼吸のいきは、ゆるやかにして、深く丹田に入べし。急なるべからず。」

（貝原益軒『養生訓』p.60）

「…深く、おだやかで長い完全呼吸が必要である。そうすると、自然に筋肉がやわらかくなり、心も体もくつろぎ、疲労しなくなるのである。…（中略）…完全呼吸とは、胸腹式呼吸のことである。腹がペシャンコになるくらいに、腹の底から息を充分に吐き出して、鼻から空気を吸いこみ、胸から腹へ空気を入れるようにする。」

（沖正弘『ヨガによる生きる喜びの発見』p.42, 44）

「人は食べなくても一か月、飲まなくても十日は生きていかれますが、呼吸は一〇分間止まったらもうアウト。ヨガ、太極拳、気功などの健康法はみな呼吸が中心。なぜなら深い呼吸によって私たちが等しく持っている、「いのちの力」が活性化するからです。」

（田中美津『新・自分で治す「冷え性」』p.291）

近年、健康への私たちの関心は高く、書店には、健康法について書かれた本や雑誌が多数並んでいます。呼吸の仕方について書かれているものが少なくありません。右で最初に挙げたのは、江戸時代の貝原益軒『養生訓』の一節です。岩波文庫で読めますが、一ページにわたって、呼吸について書かれています。あとの二つは、それぞれヨガの指導者、鍼灸師の本からです。異口同音に、より強く深い呼吸でより健やかになれること、呼吸の大切さが説かれています。先に触れた、私の行く鍼灸治療院の鍼灸師も、呼吸と姿勢が大事と言います。

もし自動的に働き続ける内臓筋の担当であったなら、呼吸の仕方などわざわざ説明してもらう必要などありません。呼吸は、姿勢と共に体壁系筋肉によって、意識でコントロールできるからこそ、昔からさまざまな文化で、呼吸法が何よりの健康法として伝授されたり、武術や芸能等の分野で奥義とされてきたのでしょう。意識的な呼吸法が身体を整える技術として大切にされてきたのです。

しかし現代多くの人は日常このような技術を学びません。自覚的に求めないと学ぶ機会がありません。右で紹介した沖は、「セカセカした人や落ち着きのない人」

は胸で呼吸している、として、落ち着くには、先の引用文にあるような深い完全呼吸の練習をするとよいと勧めています。現代人のせかせかした心持ちは呼吸の浅さによるのかもしれません。たしかに私たちは、意識してゆっくり深く呼吸すれば気持ちが落ち着くことを経験的に知っています。

そしてまた、かつては、特別に説かれ体得される技術としてだけでなく、日常の暮らしの中に呼吸法は溶け込んでいたようです。先に紹介した三木成夫は、「日常生活が、他ならぬ「唄」によって支えられた、と見られる、さまざまの事実」があると述べ、生活の中の唄について考察しています。唄うとき、「呼気」と「吸気」の自然なリズムが生まれます。三木曰く、唄は「ひとつの表情を持った呼吸」です。そしてかつての人びとは、例えば、春には田植え唄、秋には刈り入れ唄など、折に触れ「四季色とりどりの生の営みに合わせて唄い続けたのであろう」といいます（前掲書 p.166）。

たしかに、「仕事唄」と呼ばれる民謡があることを私たちは今も知識としては知っています。「漁唄」「茶摘唄」「木挽き唄」「木遣り唄」「炭坑節」など各地のさまざまな仕事に合わせてさまざまな唄があります。北海道の鰊漁唄「ソーラン節」は有名です。網に入ったニシンを船にあげる作業時に唄われてきたそうで、「沖上げ音頭」とも呼ばれます。鰊漁には他にも「船漕ぎ音頭」「網起し音頭」など作業ごとに唄があるそうです。「茶摘唄」は、女性たちが手で茶を摘みながら唄い、茶を蒸して揉む作業には「茶揉唄」があったそうです。

三木によれば、唄いながらの作業では、「呼吸のリズムと動作のリズム」が一致して、「仕事」と「呼吸」は「調和」します（前掲書 p.166）。生活のさまざまな場面で歌うことには、「呼吸を犠牲にする」ことなく、作業と呼吸を両立させ、自ずと息を強くし整え、同時に仕事をうまく運ぶ、共に働く人たちと息を合わせる、という大きな意味があったのでしょう。

しかし、現代、私たちのほとんどの仕事や作業の現場、日常の暮らしの中で、このような唄は失われ、呼吸と仕事の自然な調和も失われています。そもそも身体を使う必要自体が省力化によりどんどん少なくなっており、逆に身体、呼吸、姿勢から意識が切り離されていくような状況が増えています。

もちろん物事にはいつでもさまざまな面があります。省力化の進展により、身体にハンディのある場合にも活動できる可能性が広がるなど、プラスの面も大いにあります。ですが、同時に、生き物の生きる活力である呼吸が置き忘れられがちになっていること、そして、そのことが知らないうちに私たち一人一人の心身に負の影響をもたらしている、というマイナス面にも改めて注意を向けてみる必要があるでしょう。身体、呼吸と姿勢を、より生き生きと生きるために意識し鍛えていくことが大切だと感じます。

【引用文献】


M・デュフレンヌ『目と耳 ― 見えるものと聞こえるものの現象学』桟優（訳）みすず書房　一九九五年．

M・フーコー『性の歴史Ⅰ 知への意志』渡辺守章（訳）新潮社　一九八六年．

本間生夫『すべての不調は呼吸が原因』幻冬社　二〇一八年．

貝原益軒『養生訓・和俗童子訓』石川謙校訂　岩波書店　一七一三年＝一九六一年．

三木茂夫『生命形態の自然誌 第一巻 解剖学論集』うぶすな書院　一九八九年．

三木茂夫『海・呼吸・古代形象 ― 生命記憶と回想』うぶすな書院　一九九二年．

沖正弘『ヨガによる生きる喜びの発見』白揚社　一九七八年．

周東寛『声を変えると不調は消える』ＷＡＶＥ出版　二〇一三年．

田中美津『新・自分で治す「冷え性」』マガジンハウス　二〇〇八年．

【寄稿】草柳千早

早稲田大学文学学術院教授。博士（文学）。専門は社会学。

著書に『日常の最前線としての身体―社会を変える相互作用』世界思想社（二〇一五年）、『希望の社会学―我々は何者か、我々はどこへ行くのか』三和書籍（共編著、二〇一三年）、『「曖昧な生きづらさ」と社会―クレイム申し立ての社会学』世界思想社（二〇〇四年）、『知の社会学の可能性』学文社（分担執筆、二〇一九年）等。

あとがき

「声の道場」を始めた翌年に、私は還暦を迎えました。その記念の発表会で「声の道場」での発声を入り口に謡を始められたばかりの六人の方が初舞台を踏みました。それから十二年、来年また自分の年を迎えます。数え切れないほどの方の声と向き合い、またいろいろな気づきをさせてくださった方との出会いがありました。

私がお教えしている緑桜会の会員の皆さんの三分の二は「声の道場」から稽古を始められた方です。その稽古の中での気づきもたくさんありました。また稽古を離れてその方たちのそれぞれの分野でのご活動にも刺激をいただきました。「自然を守るためには」「これからの子供たちに伝えることは」「日本人としてどうあるべきか」等々、大きな視野での会話は、私をとても成長させてくれました。

目覚めて
出逢い
出逢って
目覚める
人との繋がり

「声の道場」を始めての感想として、最初の本にも書いた五行歌ですが、十二年経っても同じ感覚で続けていられるということは、とても幸せなことなのだと思っています。

その出逢いの中から、「声の道場」から稽古を始められた早稲田大学社会学部教授の草柳千早さんと、ワークショップでご縁をいただいた、理学療法士でありヨガインストラクターとしても広く活躍していらっしゃる中村尚人さんに、寄稿をお願いしました。それぞれのお立場で「身体のこと」「姿勢のこと」「呼吸のこと」などを自由に書いていただきました。お二人ともとてもお忙しい方にもかかわらず、私の無理な申し出を快くお引き受けくださり、心から感謝申し上げます。おかげさまで、また新たな気づきの連鎖が広がりそうな気がしています。この本を読んでくださった方それぞれの周りにも、何かしら波紋が広がることを願っています。

この本を書いているうちにも、今までにないワークショップや講座のお話が入り、私の中にまた新しい力が湧いてくる感じがしています。これからも「声の道場」と「能エクササイズ」を通して、多くの日本人の身体と心を、そして、その体に響く「気持ちのこもった声」をお伝えすべく、微力ながら努力し続けたいと思います。

最後に、今回も私のわがままな出版のお願いを、全面的に応援してくださった一世出版の原田育叔社長、編集にご助力いただいた三嶋彰さんに、心から感謝申し上げます。

令和元年九月　山村庸子

著者略歴

山村　庸子（やまむら・ようこ）

昭和23年　福岡県生まれ
昭和46年　慶應義塾大学商学部卒
昭和47年　福岡にて観世流シテ方鷹尾祥史師に入門
昭和53年　上京し、梅若六郎師（現 実師）に師事
昭和63年　観世流師範となり、梅若会に所属
平成17年　観世流準職分となる
緑桜会主宰
「声の道場」主宰

著書に「声の道場 ～日本の声が危ない～」（平成22年）
「声の道場Ⅱ ～ハイハイ・ハイッのすすめ～」（平成24年）

声の道場Ⅲ
～人間力を取り戻そう～

令和元年10月19日　第1版 第1刷発行

著　　者　山村庸子
発 行 者　原田育叔
発 行 所　一世出版株式会社
〒161-8558 東京都新宿区下落合2-6-22
電話 03-3952-5141　FAX 03-5982-7751
印刷・製本　一世印刷株式会社